문법은 문장이다

Grammar is a Sentence

여인천 著

지식의 중심
법문 북스

문법은 문장이다
Grammar is a Sentence

여인천 著

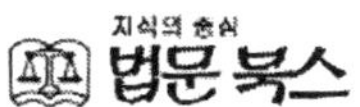

법문북스

책머리에

지금까지 30년을 넘게 학생들에게 영어English를 가르쳐 오면서 항상 아쉬운 마음이 남는다. 일정기간 동안 학습과정을 잘 마무리한 후에 학생들에게 "수업을 통해서 무엇을 배웠나요?"라고 질문하면 대부분의 학생들은 대답하기를 머뭇거리든지, 아니면 대답을 하더라도 전체 문법 내용들 중에서 특정 부분들에 대해서 이해하게 되었다고 대답을 하지만 필자가 듣고 싶었던 대답은 아니다.

문법Grammar은 오로지 처음부터 끝까지 단 한 가지 사실만을 학생들에게 설명하고 이해해주기를 바라고 있다. 즉 명사를 설명하고, 대명사를 설명하고, 형용사를 설명하고, 부사를 설명하고, 동사를 설명하고, 전치사를 설명하고, 접속사를 설명하고, 준동사를 설명하고, 가정법을 설명하고, 특수구문을 설명하고, 이 외에도 많은 문법적인 내용들을 설명하면서 학생들에게 계속해서 "문장Sentence의 기본 유형들은 이렇게 만듭니다." "문장Sentence 안에 이런 것들을 넣을 수 있습니다." "문장Sentence을 만들 때 이러한 순서를 지켜야 합니다." "문장Sentence을 만들 때 이런 것들도 사용하면 좋을 겁니다." "문장Sentence 안에 이것들을 사용할 때 이런 부분들을 조심해야 합니다."라고 끊임없이 "문장Sentence"에 대해 만 설명하고 있는 것이다.

필자는 영어문법 수업을 통해서 학생들이 "이제 문장Sentence이 어떤 재료ingredients들을 사용하고, 어떤 유형patterns들로, 어떤 배열어순word order으로 만들어지는지 알겠습니다!" 라는 대답을 듣고 싶은 것이다. 기본적으로 문장Sentence에 대해서 정확하게 이해한 후에야, 비로소 「영어해석, 영어독해, 영어작문, 영어회화」를 본격적으로 시작할 수 있는 것이다.

이 책은 영어를 공부하는 모든 학습자들이 오로지 "문장Sentence이 어떻게 만들어 지는가?"에 대해서 설명한 책이다. 아무쪼록 이 책을 선택한 분에게 많은 도움이 되기를 바라는 마음이다.

연구실에서 저자 여인천
2018. 06. 14

목 차 Contents

1장. 영어와 한국어의 차이점 Differences

(1) 토씨언어와 위치언어: "한국어는 토씨[1]언어이고 영어는 위치언어이다." 한국어는 토시언어로서 문장 안에 사용된 '단어와 구와 절'이 놓이는 위치에 구애됨이 없이 각각의 '단어와 구와 절'의 어미에 붙는 토씨(조사)나 어미변화에 따라서 그 기능(품사)과 의미가 결정이 되기 때문에 별다른 문법이 필요 없으나, 영어는 위치언어로서 문장 안에 사용된 '단어와 구와 절'이 놓이는 위치에 따라서 그 기능과 의미가 결정되기 때문에 일정한 규칙으로서 문법이 대단히 중요하다. (즉 한국어는 문장 안에 사용된 '단어와 구와 절'의 토씨나 어미의 어형변화로 정확한 문법적인 용법이 제시되기 때문에 별다른 문법 설명이 없어도 이해가 되는데, 영어는 문장 안에 사용된 '단어와 구와 절'이 배열된 순서나 위치에 따라서 그 기능과 의미가 달라질 수가 있기 때문에 문법적인 설명이 없으면 정확한 이해가 어렵다.)

한국어: <u>**단어와 구와 절**</u> / 은,는,이,가　　　　　= 주　어 N

　　　　<u>**단어와 구와 절**</u> / 을,를,에게　　　　　= 목적어 N

　　　　<u>**단어와 구와 절**</u> / 하는,있는,인,의　　　= 형용사 A

　　　　<u>**단어와 구**</u> / 하게,이게,위해,처럼,으로 = 부　사 Ad

　　　　<u>**단어와 구**</u> / 이다,하다　　　　　　　= 동　사 V

　　　　<u>**단어와 구**</u> / 와,과　　　　　　　　　= 접속사 Conj

<u>**그 일**</u> /은/ 끝내기 어렵다.

　(명사=~은=주어)

---

1) (1)토씨(=조사 助詞): 체언이나 부사, 어미 따위의 뒤에 붙어, 그 말과 다른 말과의 문법적 관계를 나타내거나 그 말의 뜻을 도와주는 품사. 격 조사·보조사(補助詞)·접속 (接續) 조사로 크게 나눔. 토씨. 관계사. (2)체언(體言): 명사·대명사·수사를 총칭하는 문법상 분류의 하나. 조사의 도움을 받아 문장의 주어로 쓰이며, 활용을 하지 않음.

<u>그 일을 끝내는 것</u>/은/ 어렵다.

(명사구=~은=주어)

<u>네가 말한 것</u>/은/ 이해하기가 어렵다.

(명사절=~은=주어)

나는 <u>그 일</u>/을/ 끝냈다.

　　(명사=~을=목적어)

나는 <u>그 일을 끝내는 것</u>/을/ 원한다.

　　(명사구=~을=목적어)

나는 <u>네가 말한 것</u>/을/ 이해할 수 없다.

　　(명사절=~을=목적어)

영　어: <u>단어와 구와 절</u> + <u>단어와 구</u> + <u>단어와 구와 절</u>
　　　　　주어 N　　　　　　동사 V　　　목적어 N (보어 N, A)

<u>The work</u>　　　　　is difficult to finish.

（주어＝명사）

<u>To finish the work</u> is difficult.

（주어＝명사구）

<u>What you said</u>　　is difficult for me to understand.

（주어＝명사절）

I can't finish　　　<u>the work</u>.

　　　　　　　　（목적어＝명사）

I want　　　　　　<u>to finish the work</u>.

　　　　　　　　（목적어＝명사구）

I can't understand <u>what you said</u>.

　　　　　　　　（목적어＝명사절）

(2) 배열어순의 차이: 한국어와 영어를 하나의 문장 유형으로
볼 때 서로 일치하는 점도 있다. 주부와 술부로 분류한다는

점에서, 주부 속에 핵심어가 명사이고 술부 속에 핵심어가 동사라는 점에서, 그리고 주어 다음에 동사를 배열한다는 점에서 일치한다. 그러나 한국어와 영어에서 명사와 동사를 수식하는 어구들의 위치가 서로 다르다. 한국어는 명사와 동사를 수식하는 어구들을 앞에다 놓는 전치수식어이고 영어는 명사와 동사를 수식하는 어구들을 뒤에다 놓는 후치수식어이다. 그러므로 한국어와 영어의 큰 차이점은 문장 안에 사용되는 어구들의 어순배열(word order)이 서로 다르다. (특히 영어는 문장 안에 사용되는 어구들의 배열어순, 즉 위치가 일정하게 정해져 있기 때문에 문법(grammar文法)이 필요하게 되었다.)

한국어: 주어(은,는,이,가)+목적어(을,를,에게)+동사(이다,하다)

*<u>톰</u>은 메리를 사랑한다. (주어+목적어+동사)
= 메리를 톰은 사랑한다. (O)
= 사랑한다 톰은 메리를. (O)
= 사랑한다 메리를 톰은. (O)

영　어: 주어(은,는,이,가)+동사(이다,하다)+목적어(을,를,에게)

*<u>Tom loves Mary</u>. (주어+동사+목적어)
  *톰을 메리를 사랑한다. (O)
≠Mary loves Tom. (O)
  *메리는 톰을 사랑한다. (O) → "의미가 달라진다."
≠loves Tom Mary. (X)
≠loves Mary Tom. (X)

*<u>Tom killed a snake</u>. (주어+동사+목적어)
=톰이 뱀을 죽였다. (O)

≠A snake killed Tom. (O)

  ＊뱀이 톰을 죽였다. → "의미가 달라진다."

≠killed a snake Tom. (X)

＝죽였다 뱀을 톰이. (O)

≠killed Tom a snake. (X)

＝죽였다 톰이 뱀을. (O)

＊Tom gave Marry a book. (주어＋동사＋목적어＋목적어)

＝톰은 메리에게 책을 주었다. (O)

≠Marry gave Tom a book. (O)

  ＊메리가 톰에게 책을 주었다. (O) → "의미가 달라진다."

≠Gave Marry Tom a book. (X)

＝주었다 메리에게 톰이 책을. (O)

≠Gave Tom Marry a book. (X)

＝주었다 톰이 메리에게 책을. (O)

≠Gave a book Marry Tom. (X)

＝주었다 책을 메리에게 톰이. (O)

≠Gave a book Tom Marry. (X)

＝주었다 책을 톰이 메리에게. (O)

≠A book Tom gave Marry. (X)

＝책을 톰이 주었다 메리에게. (O)

≠A book Marry gave Tom. (X)

＝책을 메리에게 주었다 톰이. (O)

≠A book gave Tom Marry. (X)

＝책을 주었다 톰이 메리에게. (O)

≠A book gave Marry Tom. (X)

＝책을 주었다 메리에게 톰이. (O)

＊Tom thought Marry clever. (주어＋동사＋목적어＋보어)

=톰은 메리를 영리하다고 생각했다. (O)

≠Marry thought Tom clever. (O)

 *메리는 톰이 영리하다고 생각했다. (O) → "의미가 달라진다."

≠Tom thought clever Marry. (X)

=톰은 생각했다 영리하다고 메리를. (O)

≠Tom clever thought Marry. (X)

=톰은 영리하다고 생각했다 메리를. (O)

≠Marry clever thought Tom. (X)

=메리를 영리하다고 생각했다 톰은. (O)

≠Clever Marry thought Tom. (X)

=영리하다고 메리를 생각했다 톰은. (O)

≠Clever Tom thought Marry. (X)

=영리하다고 톰은 생각했다 메리를. (O)

≠Thought Tom Marry clever. (X)

=생각했다 톰은 메리를 영리하다고. (O)

≠Thought clever Tom Marry. (X)

=생각했다 영리하다고 톰은 메리를. (O)

(3) 수식어구의 차이: 문장 안에 사용된 명사[2])의 뜻을 더욱 자세하고 구체적으로 보충 설명하기 위해서 수식어구(단어, 구, 절)를 붙이는데, 한국어는 토씨언어로서 수식어구에 토씨나 어미의 어형변화를 주어서 앞에서 명사를 보충 설명하는

---

2) 명사뿐만 아니라 동사를 꾸며주는 수식어구의 위치를 볼 때, 한국어는 전치수식어이지만 영어는 일반적으로 후치 수식이지만 경우에 따라서는 앞에 위치할 수도 있다.

When you have finished your homework, you may go out to play.
(=You may go out to play when you have finished your homework)

In my opinion, your decision is right.

Generally, his explanation is accurate.
Kindly, she helped me .

전치수식어이고, 영어는 위치언어로서 수식어구를 명사 뒤에
연결시키는 고리3)를 첨가시킴으로서 보충 설명하는 후치수식
어이다.4)

지난주에 공원에서 친구들과 함께 만났던 사람
the man <u>whom I met with my friends in the park last week</u>

유효기간이 지난 신용카드를 가지고 있는 사람
the man <u>whose credit card has expired</u>

서울에 있는 사무실
the office <u>in seoul</u>

학교에서 나를 도와준 친구
a friend <u>to help me in the school</u>

상자에서 잠자고 있는 고양이
a cat <u>sleeping in the box</u>

아이들한테 유용한 책
a book <u>(which is) useful to children</u>

교사가 되겠다는 생각
the idea <u>of becoming a teacher</u>

---

3) 명사 뒤에서 그 명사와 연결시키는 고리로 사용되는 것들로서 '**전치사**+명사 상당어구,
 접속사+등위절 또는 종속절, to부정사', 그리고 분사(현재분사 또는 과거분사)가 있으
 며, 일반적으로 명사 뒤에서 후치수식하여 문장을 확장시키는데 주요하게 사용된다.

4) 영어는 명사를 꾸며주는 수식어구는 명사 뒤에서 후치수식하는 경우가 대부분이지만,
 경우에 따라서는 전치수식하는 경우도 있다. 예를 들어, 형용사가 단어 형태인 경우이
 고(good friends, sleeping baby, *something good), 관사도 형용사이지만 명사 앞에
 놓는다(a friend, the friend).

나는 <u>매일 아침 친구들과 함께 학교에</u> 가다.
I go <u>to school with friends every morning</u>.

나는 책을 <u>책상위에</u> 놓았다.
I put the book <u>on the table</u>.

(4) 문장의 의미: 문장의 의미를 전달하는데 있어서, 한국어는 문장 안에 사용되는 '단어와 구와 절'에 토씨를 붙이거나 어미의 어형변화를 통해서 그 기능과 의미가 결정되기 때문에 그것들을 어느 위치에 놓든 간에 문장의 의미에 변화가 없으나, 영어는 문장 안에 사용되는 '단어와 구와 절'을 어느 위치에 놓느냐에 따라서 그 기능과 의미가 결정되기도 하고 의미가 달라질 수도 있다. 다시 말해서 한국어는 사용되는 어구가 어디에 있든 간에 토씨와 어미의 어형변화만 보고 해석해도 별다른 문제가 없지만, 영어는 사용되는 어구가 정확히 어느 위치에 있느냐에 따라서 해석이 달라질 수 있다는 것이다.

The girl read a novel in the park. (O)
소녀는 공원에서 소설을 읽었다. (O)

The girl in the park a novel read. (X)
공원에서 소녀는 소설을 읽었다. (O)

A novel read the girl in the park. (X)
소설을 읽었다 소녀는 공원에서. (O)

Read the girl in the park a novel. (X)
읽었다 소녀는 공원에서 소설을. (O)

(5) 정황어와 논리어: 한국어는 정황적인 언어이고 영어는 논

리적인 언어이다. 한국어의 말(speaking)과 글(reading)을 정
확히 이해하려면, 그 언급된 말과 기록된 글의 앞뒤 정황
(context)과 상황(conditions)에 따라서 그 의미가 다를 수
있기 때문에 말을 듣는 사람과 글을 읽는 사람이 눈치 있게
알아서 잘 이해해야 한다. 그러나 영어는 한국어처럼 말과 글
이 정황에 따라서 상황에 따라서 그 의미가 변할 수 있는 요
소들을 미리 방지하기 위해서, 문장 안에 사용되는 어구들을
어순배열 또는 위치로 구분하고 또는 각각의 용례들로 구분하
여 듣는 사람과 읽는 사람이 그 의미를 오해하는 여지를 없애
고자 한다.

*그는 시험을 <u>준비하다</u>.

그는(학생은) 시험(문제)을 대비(예습)하다.
He prepared an examination in English.
그는(교사는) 시험(문제)을 마련(출제)하다.
He prepared for an examination in English.

*그는 그 곳에 <u>들어갔다</u>.

그는(학생은) 그 곳(학교)에 입학했다.
He entered a school.
그는(군인은) 그 곳(군대)에 입대했다.
He entered the army.

*그는 그를 <u>이끌었다</u>.

그는(교사는) 그(학생)를 지도했다.
He guided him in his studies.

그는(가이드는) 그(관광객)를 (관광명소로) 데리고 갔다.
He took him to a famous place.

그 책은 학교에서 살 수 있다. (O) (책 = 목적어)
The book can buy in the school. (X)
(the book = object)

그 책은 학교에서 구입될 수 있다. (O)
The book can be bought in the school (by us). (O)

우리는 그 책을 학교에서 살 수 있다. (O)
We can buy the book in the school. (O)

스파게티는 집에서도 요리할 수 있다. (O) (스파게티 = 목적어)
Spaghetti can cook at home. (X) (Spaghetti = object)

그 음식은 집에서 요리될 수 있다. (O)
Spaghetti can be cooked at home (by us). (O)

우리는 스파게티를 집에서도 요리할 수 있다. (O)
We can cook Spaghetti at home. (O)

(6) 전치사와 후치사: 영어에 전치사가 있다면 한국어에는 후치사가 있다. (특히 한국어에는 '관계사, 관사'가 없다. 영어에서 관사는 명사에 대한 인식을 드러내는 역할을 하고 관계사는 명사에 대한 새로운 정보를 제공하는데 사용한다.)

한국어: 학교+에서 (명사+후치사) / 학교에서
영 어: 에서+학교 (전치사+명사) / in the school

(7) **수의 일치**: 한국어와 다르게 영어는 '수의 일치'를 중요시
한다. 즉 영어에서는 「주어＋동사」 에서 수의 일치를 시켜야
하고 또한 「형용사＋명사」 에서도 수의 일치를 시킨다.

   한국어: 많은 나무들(O) / 많은 나무(O)
       많은 소년들(O) / 많은 소년(O)

      나는 학교에 <u>간다</u>. (O)
      그녀는 학교에 <u>간다</u>. (O)

   영　어: many trees (O) / many tree (X)
      many boys (O) / many boy (X)

      I <u>go</u> to school. (O)
      She <u>go</u> to school. (X)
      She <u>goes</u> to school. (O)

(8) 영어는 중요한 말을 전반부에서, 문장의 앞부분에서 말하
는 경향이 있다. 주어의 생각과 감정을 담고 있는 동사가 주
어 바로 뒤에 있는 것도 같은 경우로 볼 수 있다. 특히 부정
적인 표현할 때 사용하는 부정어도 문장 앞부분에 위치시키는
게 일반적이다.

<u>**Mr. Tom**</u> gave me that book for my birthday.
톰이 주었다/ 내게 그 책을 / 생일날에
<u>I</u> was given that book by Mr. Tom for my birthday.
나는 받았다 / 톰에게 그 책을 / 생일날에
<u>**That book**</u> was given me by Mr. Tom for my birthday.
그 책을 받았다 / 톰한테 / 생일날에
<u>**For my birthday**</u> Mr. Tom gave me that book

생일날에 / 톰한테 받았다 / 그 책을
To speak English is very easy.
영어를 말하는 거 / 쉽다
→It is very **easy** to speak English. (가주어~진주어)
매우 쉽다 / 영어를 말하는 거

Never have I been to Europe. (도치)
결코 없었다 / 유럽에 갔던 적이
Not a word did she say all day long. (도치)
한 마디도 안했다 / 하루 종일
In no way could I help you with your English grammar
question. (=never) (도치)
결코 없다 / 내가 도와 줄 일이 / 영어문법 문제를

I **don't think** that she is honest.
나는 생각하지 않다 / 그녀가 정직하다고
None of them are pretty.
그들 중에 아무도 없다 / 예쁜 사람이
Nobody knows it.
아무도 없다 / 그것을 알고 있는 사람이

　언어(language)를 시대에 따라 거슬러 올라가 기원적으로 동계(同系)에 있는 언어들 끼리 그 문법현상을 서로 비교하는 것을 비교문법(comparative grammar)이라고 한다면, 동계(同系)에 있지 않은 언어들 끼리 그 문법현상을 서로 비교하는 것을 대조문법(contrastive grammar)이라고 한다. 이제까지 한국어와 영어의 문법현상을 비교해 그 차이점을 규명하는 것은 바로 대조문법의 영역에 든다고 말할 수 있다. 즉 모국어 (한국어)에 대한 문법현상(grammatical rules)에 대해서 전문 적으로 연구하는 학자들처럼 정확한 지식은 아닐지라도, 그

언어를 사용하는 나라에 태어나서 초등학교 때부터 모국어(한국어)로서 학교수업을 통해서 또는 일상생활을 통해서 어느 정도 습득하게 된 언어지식을 가지게 된다. 불완전하지만 체득된 한국어에 대한 지식과 낯 설은 외국어(영어)의 문법현상들을 서로 대조하면서 그 언어적인 차이점과 공통점을 밝혀가면서 외국어(영어)를 정복(mastering)하는 방법은 매우 효과적이다.

한국어를 사용하는 사람들과 영어를 사용하는 사람들 간에 차이점이 있다면, 아마도 서로 다른 문화권에서 성장했기 때문에 생각과 감정의 표출방법이 다소 다를 수는 있겠지만 근본적인 인간의 삶으로서 보면 별반 다를 것도 없을 것이다. 다만 확실하게 다른 것이 있다면 어구들을 만드는 기호(철자 a b c d ~ / ㄱ ㄴ ㄷ ㄹ ~)일 것이다. 그러나 그 기호들로 만들어진 많은 어구들은 사전에 완벽하리만큼 잘 정리가 되어 있기 때문에 활용법만 알면 그것도 어려운 문제는 아니다. 그러면 가장 중요하면서 주의해야 할 문제는 무엇일까? 글쓴이가 자신의 생각과 감정을 표현하기에 가장 적절한 어구들과 품사는 사전에서 선택하는 과정은 서로 다를 것이 없을 것이다. 문제는 앞서 설명했던 것처럼 한국어와 영어의 차이점인 토씨언어와 위치언어를 정확하게 이해하는 것이 중요하다.

결론적으로, 학습자들은 다음의 질문들에 대한 정답을 찾아야 한다. "문장 안에 사용되는 어구(단어, 구, 절)들은 어떻게 만들어지는가?" "그렇게 만들어진 어구들을 문장 안에 어느 위치에 놓아야 하는가?" "어구들을 넣을 수 있는 문장의 유형들은 몇 개나 있는가?" "완성된 문장을 한국어로 번역할 때 어떤 방법이 있는가?"

2장. 문법은 문장이다. Grammar is a Sentence

영어를 공부하는 사람들의 공통적인 목적은 하나이다. 즉, 영어로 쓰여 진 글을 읽고 싶거나(영어독해 English reading and comprehension), 영어로 글을 쓰고 싶거나(영어작문 English composition), 영어로 말을 하고 싶은(영어회화 English conversation) 것이다.

이러한 언어적인 행위들을 잘하기 위해서 꼭! 필히! 반드시! 전 단계로서 준비해야 할 일이 있다는 것을 여러분도 쉽게 짐작할 수 있을 것이다. 바로 '문장(a sentence)'이 무엇인지 정확히 알아야 한다. 만약에 문장에 대해서 정확히 이해를 못하고서 무작정 급하게 진입(영어독해, 영어작문, 영어회화)을 했을 때, 처음에는 큰 장애를 못 느끼다가 정작 이제 제대로 잘하고 싶어서 본격적으로 더 깊이 들어가려 할 때 어김없이 발목을 거는 것으로 또는 막상 필요해서 진입을 했지만 너무나 모르는 것들이 많아서 더 이상 진전이 없을 때, 절실하게 필요한 것이 있는데 바로 문법(grammar)이다.

"문법은 본질적으로 문장이다."(Our grammar is essentially a sentence grammar.)[5]

영어문법서 목차에서 볼 수 있는 많은 문법적인 용어들이 "단어, 구, 절, 품사, 문형, 관사, 명사, 대명사, 동사, 조동사, 준동사(분사, 동명사, 부정사), 형용사, 부사, 접속사, 전치사, 감탄사, 가정법, 일치와 화법, 특수 구문, 문장부호" 등으로 분류되어 있다. 이 모든 문법적인 용어들은 각자 독립해서 사용된

---

5) Jan A. van Ek & Nico J. Robat, *The Student's Grammar of English* (Great Britain: Bell and Bain Ltd., Glasgow, 1984), p. 2.

다면 "일종의 의미를 가진 파편들"에 불가한 것이다. 물론, 이러한 '언어적인 파편들(linguistic fragments)과 신체언어(body language)'를 통해서도 어쩌다가 소통을 이룰 수도 있겠지만 그러한 불완전한 상태로 계속 갈 수는 없을 것이다.

일반적으로 학습자들은 영어공부를 영어문법으로 시작을 하는 경우가 많다. 문법서를 선택해서 독학으로 또는 어떤 수업과정을 통해서 시작은 하지만 끝까지 마치는 사람은 그렇게 많지가 않다. 열심히 공부하다가 중도에서 그만두고 다시 시작할 때는 또다시 첫 페이지부터 시작해서 결국은 끝까지 마치는 경우가 드물다는 것이다. 문법적이 내용들 중에서 어느 특정 요소들만 여러 번 반복해서 공부하는 바람에 그 부분에 대해서 정확하게 이해를 하고 있다 하더라도 '하나의 문장(a sentence)'을 정확하게 완전하게 이해하기란 어렵다. 왜냐하면 각각의 문법적인 요소들은 서로가 '꼬리에 꼬리를 물고 있어서' 몇 가지만 잘 이해한다고 해서 문장을 이해할 수 있는 것은 아니기 때문이다. 그 문법적인 요소들이 서로 어떤 규칙들에 의해서 서로 묶여지는지를 정확하기 이해를 해야 하기 때문이다. 즉 하나의 문법적인 용어는 이해할 수 있겠지만, 그것이 또 다른 문법적인 용어들과 함께 사용될 때는 그들끼리의 일정한 규칙이 있기 때문에 지켜야 한다. 예를 들어서 하나의 문장에 글쓴이가 말하고 싶은 내용을 표현하기에 적절한 단어(구, 절)를 10개 정도 선택하여 문장을 완성해보라고 한다면 어떻게 하겠는가? 자신이 놓고 싶은 곳에 아무데나 놓을 수는 없는 것이다. 왜냐하면 영어는 위치언어이기 때문에 놓는 위치에 다라서 의미가 달라질 수 있기 때문이다. 즉 선택한 어구들의 품사에 다라서 정해진 어순(words order)이 있기 때문에 규칙을 알고서 연결시켜야 한다. 서로들 간의 문법적인 관계를 정확히 이해하는 것이 바로 문법이다.

특히 "영어독해를 잘하고 싶으면 꼭! 영어해석 능력이 우선적으로 토대가 되어야 하고, 영어해석을 잘하기 위해서는 꼭! 영어문법에 대한 정확한 이해가 선행되어야 한다." 본서에서는 문법의 결과물인 하나의 문장(a sentence)이 어떤 재료(ingredients)들에 의해서 어떤 유형(sentence patterns)으로 만들 수 있는지 그 과정을 설명하고, 그렇게 만들어진 기본 유형들이 변형을 통해서 어떻게 확장(expansion)이 되는지도 설명할 것이다. 먼저 글쓴이들에 의해서 자주 사용되고 있는 기본 문장유형들에 대해서 문법적으로 정확하게 이해를 하고, 그런 다음에 각각의 석학들이 글을 통해서 자신들만의 멋진 문장 유형들을 창의적으로 만든 문형들을 경험하는 것이다. 이후로 여러분에게 남은 것은 무엇이겠는가? 많은 영어 단어들은 머릿속에 암기하면 좋겠지만, 암기가 힘들면 필요할 때 영어사전을 활용할 줄만 알면 해결될 문제이다. 마지막으로 영어 문장을 한국어로 번역만 남게 된다. 이 문제는 1장에서 설명한 한국어와 영어의 차이점을 통해서 번역(translation)6)을 하면 될 것이다.

본서의 9장, 10장, 11장에서는 영어 문장을 한국어로 해석하는데 도움이 되는 여러 가지 독해 기술(reading kills)들을, 문장 속에 사용되고 있는 다양한 부호(punctuation marks)들을, 그리고 영어사전을 정확하게 사용하는 방법을 설명하였다

---

6) 번역(translation)이란 한 나라의 언어를 다른 나라의 언어로 옮기는 것을 말하며, 영어독해(reading and comprehension)란 영어로 쓰여 진 글을 눈으로 읽어가면서 전체적인 뜻을 대충 이해하는 것을 말하며, 영어해석(analysis)이란 영어로 쓰여 진 하나의 문장(a sentence)을 논리에 따라 분석하고 정확하게 이해하여 한국어로 번역하는 것을 말한다. 그리고 통역(interpretation)이란 양쪽 언어에 대해서 월등한 능력을 가지고 있는 사람이 상대방이 이해하기 부드럽고 유연하게 옮겨주는 것을 말한다.

3장. 문장 재료 Ingredients of a sentence

"영어문법은 본래 '문장(a sentence)'에 대해서 설명한 책이다. 문장은 가장 폭넓은 언어적인 단위로서, 문장의 틀은 기본적으로 일정한 규칙에 의해서 고정된 유형들이 있고, 그리고 그렇게 만들어진 문장의 유형들을 변형시킨 또 다른 많은 문장의 유형들로 이루어져 있다고 설명할 수 있다."7)(Our grammar is essentially a sentence grammar. The SENTENCE is the largest linguistic unit whose structure can be described in terms of regular patterns and deviations from them.)

다른 많은 학자들은 문장에 대해서 "한 줄거리의 사상이나 느낌을 글자로 기록하여 나타내는 단어의 결합, 흔히 글자의 수효나 압운(押韻)8)의 제한이 없이 자유로운 형식의 산문을 말함."9)으로, "(문장의 정의로서) 문법책에서 폭넓게 사용되는 두 가지의 정의가 있다. (1)문장이란 하나의 완벽한 사상을 표현하는 일단(一團)의 단어들이 합쳐진 것이다. (2)문장이란 주부와 술부로 이루어진 일단의 단어들이 합쳐진 것이다."(There are only two definitions widely used in grammar books: (1)A sentence is a group of words expressing a complete thought. (2)A sentence is a group of words containing a subject and a predicate.)10)으로, 또

---

7) 같은 책, p. 2. — Cf. Sidney Greenbaum and Gerald Nelson, *An Introduction To English Grammar* (Great Britain: Longman Press, 2002), p. 13. Sidney Greenbaum 과 Gerald Nelson은 "What is a sentence? Grammar deals with the rules for combining words into larger units. The largest unit that is described in grammar is normally the sentence."(문장이란 무엇인가? 문법은 단어들을 보다 큰 단위들로 결합시키는 규칙들을 다루는 것이다. 문법에서 기술되는 가장 큰 단위는 문장이다.)

8) 한국어사전편찬회편, 『국어대사전』 (서울: 삼성문화사, 1986), p. 1096. "(문학) 시 (詩)를 지을 때 한시부(漢詩賦)의 일정한 곳에 같은 운(韻)의 글자를 닮."

9) 같은 책, p. 611.

는 "문장이란 의도된 의미를 전달하고자 하는 형태와 방법으로 사용된 하나의 단어 또는 여러 단어들을 이용해서 하나의 사상과 감정을 표현한 것이다."(A sentence is an expression of a thought or feeling by means of a word or words used in such form and manner as to convey the meaning intended.)11)으로, "문장이란 일련의 단어들로 이루어져있는 것으로 처음에 대문자로 시작해서 마지막에 끝맺는다는 부호(. ! ?)로 끝난다."12)(Sentences are strings of words beginning with a capital letter and separated from other strings by sentence-final marks of punctuation(. ! ?))으로, 또는 "문법은 언어의 구조를 다루는데, 영어문법은 영어의 구조를, 프랑스어는 프랑스어의 구조를 다루는 학문이다. 언어는 많은 단어들로 구성되어 있지만, 그 많은 단어들이 글쓴이의 생각과 감정을 나타내기 위해서 어떠한 방법으로 서로가 수식이 되어 지고, 함께 결합이 되어 지는지를 다루는데, 각각의 언어들에 따라서 그 방법이 다르다.(Grammar deals with the structure of Language, English grammar with the structure of English, French grammar with the structure of French, etc. Language consists of words, but the way in which these words are modified and joined together to express thoughts and feelings differs from one language to another.)13)으로 정의하고 있다.

---

10) Paul Roberts, *Understanding Grammar* (New York: Harper & Row, Publishers, 1964), p. 292.

11) George O. Cume, *English Grammar* (New York: Barnes and Noble Inc., 1966), p. 97.

12) Jan A. van Ek & Nico J. Robat, p. 2.

13) Otto Jesperson, *Essentials of English Grammar*(London: George Allen & Unwin Ltd., 1956), p. 15.

문법을 전문적으로 연구하는 문법학자들이든 현장에서 실용적인 영어를 가르치는 교사들이든 간에 그들이 영어문법서를 통해서 학습자들에게 꼭! 전달하고 싶은 꼭! 학습자들이 이해주기를 간절히 바라는 한 가지는 바로 '문장'이다. 왜냐하면 영어를 사용해서 출판되는 모든 영어원서들을 집필하는 글쓴이들이 바로 '문장' 안에 자신이 말하고 싶은 생각이나 감정을 담아서 단락(paragraph)을 만들고 단락들이 모여서 장(chapter)이 되고 장들이 모여서 책(book)이 출판되기 때문이다. 그러면 학습자들이 영어로 된 영어원서를 읽고자 한다면 어떻게 해야겠는가? 모든 영어원서들은 많은 장들로 나뉘어져 있고 그리고 많은 장들은 많은 단락들로 나뉘어져 있고 그리고 많은 단락들은 많은 문장들로 이루어져있다. 그러므로 영어로 쓰인 영어원서를 읽고자하는 학습자들은 무엇보다도 우선적으로 '문장'을 이해하지 못한다면 아예 읽기를 시도하지도 못할 것은 지극히 당연한 사실이다.

문장은 어떻게 만들어지는가? 문장 안에 넣을 수 있는 것들로 무엇이 있는가? 결론적으로 말해서 문장 안에 넣어서 사용할 수 있는 것들로는 뜻이 있는 '단어(word)14)와 구(phrase)15)와 절(clause)16)'이라는 세 가지 재료뿐이다. 글쓴이들에 따라

---

14) 단어(word): 하나 또는 그 이상의 철자들이 순서에 따라 모여서 의미를 가지고 품사 배정을 받은 것들을 말한다.(house/명사/집, he/대명사/그는, honest/형용사/정직한, well/부사/잘, go/동사/가다, and/접속사/그리고, in/전치사/안에, alas/감탄사/아아! 슬프도다!)

15) 구(phrase): 두 개 이상의 단어가 모여서 마치 하나의 단어와 같은 역할(품사, 의미)을 하는 것들을 말한다. (to get up early/명사구/일찍 일어나는 것은, of value/형용사구/귀중한, by the way/부사구/그런데, give up/동사구/포기하다, as soon as/접속사구/하자마자, in front of/전치사구/앞에)

16) 절(clause): 단어 또는 구를 가지고 주부와 술부를 형성하면 완성된 하나의 문장이 된다. 그런데 그 문장 앞에 접속사(대등 또는 종속 접속사)가 붙어서 전체가 마치 하나의 단어와 구 같은 역할(품사, 의미)을 하는 것들을 말한다. 단, 품사로는 명사와 형용사와 부사로만 사용된다. (that they study hard/명사절/그들이 열심히 공부하는 것은, so that they may study hard/부사절/그들이 열심히 공부하기 위해서, who

서 자신들이 말하고 싶은 생각이나 감정을 가장 적절하게 담고 있는 '단어와 구와 절'을 필요한 만큼 사전에서 찾아서 문장 안에 담으면 된다. 만약에 글쓴이가 말하고 싶은 내용에 적절한 단어가 있다면 단어를 선택할 것이고, 단어 외에 자신이 말하고 싶은 내용을 전달하기 위해서 구도 필요하면 구도 함께 쓸 것이고, 단어와 구외에도 자신이 말하고 싶은 내용을 전달하기 위해서 절도 필요하면 절도 함께 사용할 것이다. 세 가지 재료들 중에서 어떤 것들을 얼마만큼 사용할 것이냐는 전적으로 글쓴이의 마음에 달려있다. 문장을 만들기 위한 최소한의 재료(주어와 동사)만으로도 만들 수도 있으며, 보다 자세하고 구체적으로 말하고자 한다면 그 외에 추가(보어와 목적어와 수식어구)해서 만들 수도 있다.

〈 명사: 단어, 구, 절 〉

The man lives here. (단어 / 주어)

그 사람은 이곳에 살고 있다.

Drinking is dangerous. (단어 / 동명사 / 주어)

술을 마시는 것은 위험하다.

The man of honesty is appointed as Chairman. (구 / 주어)

그 정직한 사람이 의장으로 선임되었다.

To hear his explanation is to believe it. (구 / 부정사 / 주어)

그의 설명을 듣는 것이 그것을 믿는 것이다.

Feeding the monkeys peanuts is forbidden. (구 / 동명사 / 주어)

원숭이들에게 땅콩을 주는 것이 금지되어있다.

That the man married her is not known. (명사절 / 주어)

그 남자가 그녀와 결혼한 사실이 알려지지 않았다.

The person whom we met yesterday is **the man**. (단어 / 보어)

---

study hard/형용사절/열심히 공부하는)

The person whom we need in this case is **the man of honesty**. (구/보어)
이러한 상황에서 우리에게 필요한 그 사람은 정직한 사람이다.
His mistakes was **marrying so silly a woman**. (구/동명사/보어)
그의 실수는 너무나 바보 같은 여자와 결혼한 것이다.
To hear his explanation is **to believe it**. (구/부정사/보어)
그의 설명을 듣는 것이 그것을 믿는 것이다.
The problem is **that the man married her**. (명사절/보어)
문제는 그 남자가 그녀와 결혼했다는 것이다.

We don't know **the man**. (단어/목적어)
우리는 그 남자를 모른다.
W believe **the man of honesty**. (구/목적어)
우리는 정직한 사람을 신뢰한다.
He enjoys **driving fast automobiles**. (구/동명사/목적어)
그는 속도가 바른 자동차 몰기를 즐긴다.
He wants **to read poems every day**. (구/부정사/목적어)
그는 매일 시 읽기를 원한다.
He wants you **to read poems every day**. (구/부정사/목적격보어)
그는 네가 매일 시 읽기를 원한다.
We don't know **that the man married her**. (명사절/목적어)
우리는 그 남자가 그녀와 결혼한 것을 몰랐다.
We were worried (about) **that the man married her**. (명사절/목적어)
우리는 그 남자가 그녀와 결혼한 것이 걱정되었다.

〈형용사 : 단어, 구, 절〉

an **honest** man (단어/명사수식)
정직한 사람
Where are the **broken** chairs? (단어/명사수식)
망가진 의자들이 어디에 있나요?
the man **of honesty** (구/명사수식)

정직한 사람

He prepared a picture **taken by a guide**. (구 / 분사 / 명사수식)

그는 사진이 안내인에 촬영된 사진을 준비했다.

I need some books **to read**. (구 / 부정사 / 명사수식)

나는 읽을 수 있는 몇 권의 책이 필요하다.

the man **who is honest** (관계형용사절 / 명사수식)

정직한 사람

the place **where we stopped for the night** (관계형용사절 / 명사수식)

우리가 밤 동안에 머무를 장소

the dog **that my brother bought yesterday in London** (관계형용사절 / 명사수식)

내 형이 어제 런던에서 사온 개

The man is **honest**. (단어 / 주격보어)

그 사람은 정직하다.

We believe the man **honest**. (단어 / 목적격보어)

우리는 그 사람이 정직하다고 믿는다.

He stood **leaning against a tree**. (구 / 분사 / 주격보어)

그는 나무에 기대어 서 있었다.

The man is **of honesty**. (구 / 주격보어)

그 사람은 정직하다.

〈부사 : 단어, 구, 절〉

He got up **early**. (단어 / 동사수식)

그는 일찍 일어났다.

He met his friends **in the park**. (구 / 동사수식)

그는 공원에서 친구들을 만났다.

Having lost my watch, I bought new one. (구 / 분사구문 / 동사수식)

시계를 잃어버려서 새 시계를 구입했다.

To become a teacher, I study hard. (구 / 부정사 / 동사수식)

교사가 되기 위해서 나는 열심히 공부한다.

I saw the car accident **while I was driving**. (부사절 / 동사수식)
나는 운전하는 동안에 차 사고를 목격했다.

〈 동사: 단어, 구 〉

He **gave** me a book. (=He **gave** a book **to** me.) (단어 / 동사 / 타동사)
그가 내게 책을 주었다.
He **gives** generously to charity. (단어 / 동사 / 자동사)
아낌없이 자선에 돈을 내놓는다.
He has **given away** all his books. (구 / 동사 / 타동사＋부사)
그는 책을 전부 주어버렸다.
Teachers **gave out** the exam papers. (구 / 동사 / 타동사＋부사)
교사들은 시험지를 나누어 주었다.
The strikers **gave in**. (구 / 동사 / 자동사＋부사)
파업자들은 굴복했다.
Cheap oil **gives off** bad odor. (구 / 동사 / 자동사＋부사)
싼 기름은 악취를 발한다.
We should always **give way to** emergency vehicles.
(구 / 동사 / 타동사＋명사＋전치사)
우리는 긴급차량에 길을 내주어야 한다. (양보해야 한다)
She suddenly **gave way to** tears.
(구 / 동사 / 타동사＋명사＋전치사)
그녀는 갑자기 울음을 터뜨렸다.

〈 접속사: 단어, 구 〉

However tired you may be, you must do it now. (단어 / 부사절)
아무리 피곤해도, 너는 그걸 지금 당장 해야만 한다.
While she was reading, I fell asleep. (단어 / 부사절)
그녀가 독서하는 동안에 나는 잠들어버렸다.
By the time we reached the ground, the game had already
begun. (구 / 부사절 / 전치사＋명사)

우리가 운동장에 도착했을 쯤에, 경기는 이미 시작 되었다.

He started early **in order that** he could get there in time.
(구 / 부사절 / 전치사＋명사＋접속사)

그는 그곳에 시간 안에 도착하기 위해서 일찍 일어났다.

He walked **so** fast **that** we couldn't follow him.
(구 / 부시절 / 부사＋접속사)

그는 너무 빨리 걸어가서 우리가 그를 따라갈 수 없었다.

No matter who you are, that doesn't matter to me.
(＝whoever) (구 / 부사절 / 명사＋접속사)

네가 누구라 할지라도 내게 중요하지 않다.

I didn't know **that** she was absent. (단어 / 명사절 / 목적어)

나는 그녀가 결석한 것을 몰랐다.

The news **that** she left home was not true. (단어 / 명사절 / 동격절)

그녀가 집을 떠났다는 소식은 사실이 아니었다.

I know the man **who** lives in Seoul. (단어 / 형용사절)

나는 서울에 살고 있는 그 사람을 알고 있다.

I watched the movie **which** she recommended before.
(단어 / 형용사절)

나는 그녀가 추천해준 영화를 관람했다.

He bought a car **of which** brand I am not familiar with.
(구 / 형용사절)

그는 내가 잘 모르는 차를 구입했다.

〈전치사: 단어, 구〉

Did you see anything special **in** your journey? (단어 / 부사구)
당신의 여행에서 특별한 것을 구경했나요?

We're flying **to** Paris **for** the weekend. (단어 / 부사구)
우리는 주말에 파리로 간다.

He had grown **into** a handsome young man. (단어 / 부사구)
자라서 변하여 멋진 사람이 되었다.

Many people succeed **in spite of** their handicaps. (구 / 부사구)

많은 사람들은 결점에도 불구하고 성공한다.

They spent all day sitting **in front of** the computer. (구 / 부사구)

그들은 하루 종일 컴퓨터 앞에 앉아서 시간을 낭비했다.

The stones are raised **by means of** pulleys. (구 / 부사구)

돌들은 도르래에 의해서 들어 올려졌다.

In addition to discounts, they offered a gift. (구 / 부사구)

할인에 더해서 그들은 선물도 주었다.

Many people take money **instead of** love. (구 / 부사구)

많은 사람들은 사랑 대신에 돈을 취한다.

　　이상과 같은 재료들을 글쓴이가 선택한 후에 문장 안에 넣을 때 어떤 순서(word order)로 위치(position)시켜야 하는가? 만약에 글쓴이들이 자신이 말하고 싶은 내용에 적절한 '단어와 구와 절'을 선택해서 각자가 마음 내키는 대로 서로 다른 순서들로 위치시킨다면 어떤 상황이 발생할까? 앞서 1장에서 설명했듯이 영어는 위치언어이기 때문에 각각의 '단어와 구와 절'을 문장 안에 어떤 위치에 놓느냐에 따라서 전혀 다른 내용(의미)을 나타낼 수도 있다는 것이다. 이러한 혼란스러울 상황을 조절해주는 것이 바로 '품사(parts of speech)'이다.

4장. 문장의 주요소 Main elements of a sentence

이제 글쓴이들이 하나의 문장(a sentence)안에 자신이 말하고 싶은 내용을 담을 수 있는 그릇과 같은 역할을 하는 재료들로는 "단어와 구와 절"이 있다는 사실은 앞장을 통해서 이해했을 것이다. 이제부터는 글쓴이가 말하고 싶은 내용을 전달하기 위해서 적절하게 선택된 것들이 상황에 따라서 다르겠지만, 최소한 두 개(주어, 동사) 이상인 경우가 많으므로 그것들을 하나의 문장 안에 어떠한 규칙에 의해서 또는 어떠한 순서(어순word order)로 위치(position)시키느냐가 중요하다. (왜냐하면 영어는 한국어와 다르게 '단어와 구와 절'을 어느 위치에 놓느냐에 따라서 의미(meaning)가 달라질 수도 있기 때문이다.17))

만약에 글쓴이에 의해서 적절하게 선택된 것들이 단어들로만 구성되든 간에, 구들로만 구성되든 간에, 단어와 구와 절들이 섞여서 구성되든 간에, 그것들을 어떠한 순서에 의해 위치시킬 것인가란 영어가 위치언어이기 때문에 매우 중요한 문제가 된다. 그러한 까닭에 각각의 구성 요소들에게 품사(parts of speech=position)를 부여해서 문장 안에서 일정한 고정된 위치에 놓아야 한다.18) 일반적으로 품사는 8개(명사,

---

17) 한국어는 토씨언어이고 영어는 위치언어이다. 즉, 한국어는 선택된 '단어와 구와 절'이 문장 안에서 어느 위치에 놓아도 그것의 끝에 붙어있는 토씨(조사)에 의해서 문법적인 기능(주어, 동사, 보어, 목적어, 수식어)을 알 수 있지만, 영어는 선택된 '단어와 구와 절'이 문장 안에서 어느 위치에 놓느냐에 따라서 문법적인 기능이 달라져서 의미가 달라질 수 있기 때문이다. 이 부분은 1장에서 자세하게 설명한 바 있다.

18) **품사의 전환(Functional Sift)**: 모든 단어들은 그 능력에 따라서, 하나 또는 그 이상의 품사로 사용된다. 일반적으로 단어들은 어형의 형태적인 변화(-full, -ous, -al / -ness, -tion / -ly)를 통해서 또는 어형의 형태적인 변화도 없이(red, good, kind, love, before) 품사전환이 되는 경우가 많다. 그러므로 단어의 품사확인 문장 안에서 위치를 보고 판단한다. 단어들이 품사전환할 때 그것의 의미는 대개 비슷하지만 상황에 따라서 다를 수도 있기 때

대명사, 동사, 형용사, 부사, 전치사, 접속사, 감탄사)로 분류
하고 그리고 그것들의 기능적인 분류는 5가지(주어, 동사, 보
어, 목적어, 수식어)로 분류한다. 이 두 가지의 분류는 서로가
다른 것이 아니라 동일한(identical) 요소를 문장 안에서 상황

문에 사전에서 확인하는 습관이 필요하다.

These nuts are too hard to crack. 단단한 (adjective)
The students studied very hard. 열심히 (adverb)

She is a good wife. 착한 (adjective)
We can't know good from evil. 선 (noun)

I met him before. 전에 (adverb)
I waited for him before the door. ~앞에 (preposition)
I got up before the sun rose. ~전에 (conjunction)

I was very tired, but I couldn't stop my work. 그러나 (conjunction)
I went to the library everyday but Sunday. ~을 제외하고 (preposition)
I am but a child. 오직, 단지~일뿐, ~에 지나지 않는 (adverb)

She went on. 계속해서 (adverb)
She went on her way. 도중에 (preposition)
She looked about. 주위로 (adverb)
She looked about him. 주변을 보다 (preposition)
She fell off. 떨어져 (adverb)
She fell off the table. 탁자에서 떨어지다 (preposition)

three kinds of magazine(s) 종류 (noun)
The man is very kind to us. 친절한 (adjective)

It looks like rain. 비가 올 것 같다. (noun)
It rains outside. 밖에 비가 내린다. (verb)

He entered a school. 학교에 입학하다. (noun)
a school of fish 고기 떼(무리) (noun)
He schools a horse. 말을 조련하다. (verb)
a school library 학교 도서관 (adjective)
school things 학용품 (adjective)

Tears welled up in his eyes. 분출하다 (verb)
He slept well last night. 잘, 만족하게 (adverb)
You will soon get well. 건강한 (adjective)
Well, it's a small world we live in! 이것 참! (interjection)
This well is very deep. 우물, 샘 (noun)

(syntax or function)에 따라서 부르는 용어를 달리했을 뿐이
다.

학습자들이 그 두 가지의 서로 다른 명칭들이 결국은 동일
한 기능을 하는데 명칭만 다르게 부르게 되었음 이해하느냐
못하느냐가 영어정복의 중요한 갈림길이 될 것이라고 필자는
감히 말하고 싶다.

Words may be classified not only according to parts of
speech but also according to certain uses to which they
may be put in sentences. This latter arrangement is
usually called functional classification. It is at some points
identical with the parts-of-speech classification, because, as
we have seen, some of the parts of speech are customarily
defined on the base of syntax, or function, and not on the
basis of form. One functional classification divides the
vocabulary into five major categories: **subjects**, **verbs**,
complements, **modifiers**, connectives. Complements are then
subdivided into **objects** and predicate nominatives. The
parts of speech relate to this functional classification as
follows:

단어들은 품사에 다라서 분류할 수 있으며 또한 그 품사들로 문장 안
에서 시용됨에 따라서도 분류할 수 있다. 후자의 분류는 일반적으로
기능적인 분류라고 말할 수 있다.그것은 어떤 점에서는 품사에 따른
분류와도 동일한 것이다. 그것은 몇몇 품사들이 관례적으로 형태적인
면에서 아니라 구문론 또는 기능을 토대로 정의되어 왔기 때문이다.
하나의 기능적인 분류로서 어휘들을 5가지의 주요한 범위를 나눌 수
있는데 바로 '주어, 동사, 보어, 수식어, 연결사'이다. 그리고 보어는 목
적어와 술부 주격으로 분류할 수 있다. 품사는 아래와 같은 기능적인
분류와도 관계가 있다.

A **noun** is ordinarily a subject or a complement, but in the genitive case (*"boy's cat"*) it may be a modifier. Some grammarians would say that *love* in "love story" is a noun functioning as a modifier; others would call it an adjective.

A **pronoun** is a subject, a complement, or a modifier.

An **adjective** is a complement or a modifier.

A **verb** is a verb.

An **adverb** is a modifier.

A **preposition** is a connective.

A **conjunction** is a connective.

An **interjection**, having no syntactic connection with the rest of the sentence, is outside the functional classification.[19]

명사는 기본적으로 주어와 보어로 사용되지만 소유격 "the boy's cat" 처럼 수식어로도 사용될 수 있다. 몇몇 문법학자들은 "love story"에서 love처럼 수식어 기능으로서 명사도 가능하다고 말한다. 다른 문법학 자들은 그것을 형용사라고 부른다.
형용사는 보어와 수식어로 사용된다.
동사는 동사이다.
부사는 수식어이다.
전치사는 연결사이다.
접속사는 연결사이다.
감탄사는 문장에서 구문론적인 관계가 없는 것으로서 문법적인 기능 분류에서 제외된다.

위에서 Paul Roberts는 8품사(eight parts of speech)로서 "명사, 대명사, 동사, 형용사, 부사, 전치사, 접속사, 감탄사"가 문장 안에서 그 문법적인 기능(five functions)으로서 "주어, 동사, 보어, 목적어, 수식어"로 사용되고 있음을 보여주고 있 다. 이러한 5가지의 문법적인 기능들을 '문장의 주요소(main

---

19) Paul Roberts, *Understanding Grammar*, p. 21.

elements of a sentence)'라고도 말하기도 한다. 그러므로 학습자들은 문장을 구성하는 두 가지의 분류를 서로 다른 것이 아니라 동일한(identical) 것을 기능적인 분류에 따라서 다르게 부르는 명칭이라는 사실을 알아야 한다. 8가지의 품사에 대한 정의(definition)를 정확히 알고 있어야 함을 물론이고, 그 각각의 품사들이 문장 안에서 어떠한 기능을 가지고 어느 위치에 놓을 수 있는지에 대해서 정확히 이해하는 것은 영어 문법에 설명하고 있는 가장 중요한 부분이다.

명　사: 형상이 있건 없건 간에 모든 것에 붙여진 이름
　　　→위치: 주어, 보어, 목적어(타동사, 전치사), 동격

대명사: 명사를 대신해서 간단하게 표기할 때 사용하는 것
　　　→위치: 주어, 보어, 목적어(타동사, 전치사), 동격

형용사: (대)명사를 특별하게 설명하는데 사용하는 것
　　　→위치: 보어(서술적용법), 명사 앞뒤에(제한적용법)

부　사: 형용사, 동사, 다른 부사를 부가적으로 설명하는 것
　　　→위치: 수식어로서 형용사나 부사 앞에, 동사 앞뒤에, 등등

동　사: 주어(명사, 대명사)의 동작과 상태를 설명하는 것
　　　→위치: 술부의 핵심요소로서 주어 뒤에

전치사: 사물이나 사건들 사이의 관계를 표시하며 단어와 구와 절을 서로 연결시켜 주는 것
　　　→위치: 연결사로서 명사 또는 그 상당어구들 앞에

접속사: 서로 다른 낱말들의 사이의 관계를 나타내는 말들이며 단어와 구와 절을 서로 연결시켜 주는 것

→위치: 연결사로서 등위접속사(단어와 구와 절 사이에서
서로 연결), 종속접속사(절과 절 사이에서 서로 연결)

감탄사: 느낀 감정을 겉으로 드러내는 것으로서, 문법규칙이 적용
되지 않기 때문에 특수한 부류에 넣는 것이 일반적이다.
→위치: 대개 문장 앞에

하나의 문장 유형(the pattern of a sentence)이 길든 짧든
간에 글쓴이가 말하고 싶은 내용에 적합하게 선택된 "단어와
구와 절"들을 문장 안에 위치시켰을 때, 전체적인 틀로 볼 때
두 개의 핵심적인 구성요소(two main constitutions)인 주부
(the subject)[20]와 술부(the predicate)[21]로 나눌 수 있다.
문장의 주부에서는 "그 문장에서 논의되어질 주제"(what is
being discussed, the theme of the subject)[22]를 제안하는
부분이고, 술부에서는 문장의 주부에서 이미 소개된 주제에
대해서 어떤 새로운 사실("something new is being said")[23]
이 언급되어지고 있는지를 말해주는 부분이다.

주부와 술부는 다른 용어로서 명사구(noun phrase)와 동사
구(verb phrase)로 나누기도 하고 부르기도 한다. 이는 주부
속에서 핵심이 되는 품사는 명사이고 술부 속에서 핵심이 되
는 품사는 동사라는 말이다. 그리고 구phrase라고 하는 것은
핵심이 되는 단어 앞뒤로 필요에 따라서 수식어(modifier
s)[24]가 붙을 수 있기 때문이다. 예를 들어, 주부의 명사는 앞

20) subject n. ①(문법)주어(主語), 주부(主部) ②주제, 문제, 제목, 연제, 화제

21) predicate n. (문법) 술부(述部), 술어(述語); v. (문법) 진술(서술)하다; *서술하다
= "사건이나 생각 따위를 차례를 좇아 적거나 말함"

22) Randolph Quirk and Sidney Greenbaum, *A University Grammar of English*
(London: Longman Group Limited, 1974), p. 11.

23) 같은 책, p. 11.

24) 수식어: 말이나 글을 보다 또렷하고 아름답게, 또는 효과적으로 표현하기 위해 꾸미

에서 수식어가 붙는 경우는 「(관사)(부사)(형용사) **명사**」 이고 뒤에서 수식어가 붙는 경우는 「**명사** (형용사구)(형용사절)」 이다. 술부의 동사는 앞에서 수식어가 붙는 경우는 「(부사)(조동사) 동사」 이고 뒤에서 수식어가 붙는 경우는 「**동사** (보어)(목적어)(부사)」 이다.

주부(명사구) = (관사)(부사)(형용사)**명사**(형용사구)(형용사절)
술부(동사구) = (부사)(조동사)**동사**(보어)(목적어)(부사)

　위에서 「주어, 동사, 보어, 목적어」 는 문장의 필수적인 주요소들이고, 나머지들은 앞에서 사용된 주요소들에 대해서 추가적인 설명이 필요한 경우에 사용되는 「수식어」 들이다.

　문장 안에서 주부는 명사(noun)라는 핵심 요소만으로도 완전하지만 이해를 돕기 위해서 부가적인 수식어구들과 함께 구성이 되기도 하며, 그리고 술부는 동사(verb)가 핵심요소이긴 하지만 때로는 필수적으로 다른 요소들과의 관계를 가져야만 되는 경우도 있기 때문에 매우 복잡하다. 예를 들어서, 주부에서 말하고자 하는 주어의 생각과 감정을 술부의 핵심 요소인 동사만으로도 설명(상태, 위치)이 충분할 수도 있지만(S+Vi), 주어의 생각과 감정을 동사가 혼자서 설명하기보다 부가적으로 수식어구의 도움을 더 받아서 자세하게 구체적으로 설명할 수도 있으며(S+Vi+M), 주어의 생각과 감정을 동사 혼자만으로는 설명(상태, 동작)이 어렵기 때문에 뒤에 다른 대상들과 상호작용을 통해서 설명이 가능할 경우도 있으며(S+Vt+O)(S+Vt+IO+DO), 주어의 생각과 감정을 동사 혼자만으로는 도저히 설명(상태, 동작)이 어렵기 때문에 주어에 대한 보충적인 설명이 필요한 경우도 있으며(S+Vi+C), 주어

는 말

의 생각과 감정을 설명(상태, 위치, 동작)하기 위해서 동사가 보어 또는 목적어의 도움만으로도 충분하지만 부가적으로 수식어구의 도움을 더 받아서 자세하게 구체적으로 설명할 수도 있으며(S+Vt+O+M, S+Vi+C+M), 주어의 생각과 감정을 설명(상태, 동작)하기 위해서 동사가 목적어를 도움을 받았지만 특별히 목적어의 상태와 동작에 대한 보충적인 설명이 꼭! 필요한 경우에는 목적어 바로 뒤에 '명사, 형용사, 동사' 등을 보어로 추가해서 설명을 하는 경우도 있다(S+Vt+O+OC).

결론적으로, 술부를 구성하는 요소들로서 '동사'가 가장 핵심적인 요소인 것은 분명하지만, 그 동사가 뒤에 함께 동반해서 사용할 수 있는 대상들로서 '보어(목적어, 수식어)'가 어떠한 연결고리를 통해서 동사와 협력해서 완성이 되는지 정확히 알아야 한다. 동사와 '보어(목적어, 수식어)'의 연결고리는 바로 '동사의 성질' 때문이다. 동사의 성질이 자동사이면 뒤에 목적어가 뒤따르지 않아도 되지만(S+Vi), 타동사이면 반드시 목적어가 뒤따라야만(S+Vt+O)한다. 그리고 동사의 성질이 완전동사이면 뒤에 보어가 뒤따르지 않아도 되지만(S+complete Vi/+~), 불완전동사이면 반드시 보어가 뒤따라야만(S+incomplete Vi+C) 한다. 자동사가 불완전동사이면 반드시 보어가 뒤따르는데 주어에 대한 설명을 보충하는 특성이 있기 때문에 주격보어라 부르고(S=SC), 타동사가 불완전동사이면 반드시 보어가 뒤따르데 목적어에 대해 설명을 보충하는 특성이 있기 때문에 목적격보어라고(O=OC) 부른다. 그리고 수식어들은 '주어와 동사와 보어와 목적어'들만으로도 주어의 생각과 감정을 충분히 설명이 가능하다면 굳이 사용할 필요는 없으나, 독자(readers)들에게 좀 더 자세하고 구체적으로 설명하여 이해하는데 도움을 주고자 할 때 부가적으로 무제한으로 글쓴이들에 따라서 사용할 수 있는 요소들이다.

　글쓴이들이 글을 통해서 말하고 싶은 사상이나 감정을 표현
할 때 하나의 문장을 만들어가는 과정은 일반적으로 다음의
단계를 통해서 만들어간다.

1단계: **자신의 생각을 표현할 수 있는 뜻을 가지고 있는 알맞은 "단
어, 구, 절"을 선택한다.** (1차적으로 자신이 원하는 뜻을 가
진 단어는 영어사전에서 선택하고, 만약 단어에서 필요한 의
미를 가진 단어를 찾을 수 없을 경우에는 전치사를 통해서 2
차적으로 관용 어구에서 찾아보고 또는 직접 구를 만들기도
하고, 두 문장을 연결해서 말하고 싶을 경우에는 3차적으로
접속사를 통해 절을 만든다.)

2단계: **자신이 필요한 뜻을 가진 "단어, 구, 절"을 찾았다면 사전에
제공된 정해져있는 품사를 확인한다.** (사전에 제공된 각각의
'단어와 구와 절'의 품사를 확인해야 문장 안에서 어느 위치
에 놓을지가 결정되기 때문이다. 그리고 자신이 필요한 뜻을
가진 것은 특정의 품사의 경우에만 가능할 경우도 있다.)

3단계: **품사에 따라서 문장 안에서 지정된 위치를 배정한다.** (지정된
위치란 문장의 주요소인 "주어, 동사, 보어, 목적어"에 놓든지
수식어로서 문의 주요소들을 꾸며주든 위치에 놓든지 결정한
다. 단, 필요한 뜻을 가진 동사를 선택했을 때, 동사가 자동
사이냐 또는 타동사이냐에 따라서 문장의 유형이 달라질 수
도 있기 때문에 중요하다.)

4단계: **문장 안에서 사용된 요소들 중에서 "주어와 동사"는 수일치
(단수, 복수)를 일치를 확인하고, 복문인 경우에는 시제 일치
를 확인해야 한다.** (수일치란 주어가 단수이면 동사도 단수
동사로 주어가 복수 명사이면 동사도 복수 동사로, 시제일치
란 주절의 동사와 종속절의 동사의 시제를 서로 일치시키는
것을 말한다.)

5장. 문장 유형 Patterns of a sentence

문장의 유형(pattern)을 결정하는 주요소는 바로 동사의 성질(disposition)이다. 문장의 중심부에 동사를 기준으로 앞에는 주어인 명사를 위치시키고 동사 뒤에는 필요에 따라서 보어 또는 목적어가 뒤따르게 된다. (이미 사용된 문장의 주요소들로도 표현하고자 하는 내용을 충분히 설명이 가능하지만 보다 더 구체적으로 자세하게 설명하기 위해서 추가적으로 수식어를 넣을 수도 있다.)

주부(主部 the subject or the main part)의 핵심요소인 주어(subject)는 동사 앞에 위치시키는데 하나의 명사(noun)로도 충분하다. 명사가 사용됨으로 인해서 명사 앞뒤로 반드시 무언가가 선행하거나 뒤따라야만 하는 경우는 없다.[25] 굳이 무언가가를 더 쓰고 싶다면 주어인 명사의 설명을 보다 더 구체적으로 자세하게 하기 위해서 수식어(modifiers)를 추가할 수는 있을 것이다.

(관사)(부사)(형용사) **명사** (형용사구)(형용사절) + <u>동사</u> ~.
　　　　　　　　　　주어　　　　　　　　　　　　　　　동사

술부(述部 the predicate)의 핵심요소인 동사(verb)는 주어가 있는 주부 다음에 위치시킨다. 어떤 성질의 동사가 사용되느냐에 따라서 동사 뒤에 반드시 무언가가 반드시 뒤따라야만 하는 경우가 있기 때문에 주의를 요한다.

동사란 "주어가 주장(단언)하고자 하는 바를 겉으로 표출시키

---

25) 단, 명사가 보통명사인 경우에는 앞에 관사와의 관계가 있다. 관사는 문장 아에서 명사를 인지하게 하는 중요한 요소로 사용되기도 한다. (a book, the book, some books)

는 낱말"(A verb is a word that makes an assertion about a subject)인데, 주어가 자신이 말하고자 하는 바를 겉으로 표출시키는 방법으로 "동작, 존재, 상황, 상태, 과정"(A verb is a word that expresses action, being, condition, state, or process)26)등이 있다. 즉 글쓴이가 주어에서 앞으로 논의되어질 주제(theme)를 정하면 동사는 그 주제에 대해서 구체적으로 설명하여 독자들이 알 수 있도록 하는 역할을 한다.

　일반적으로 한국의 학습자들에게는 문장의 유형을 5가지로 나누는 것에 익숙해져있다. 문형을 5가지로 분류한 학자는 1904년 영국의 영어학자인 C. T. Onions인데, 그의 책 『고등영어통사론』(*An Advanced English Syntax: Based on the Principles and Requirements on the Grammatical Society*)을 통해서 소개하고 있다. 이러한 개념을 1917년 일본에 『英文法汎論』(*An Outline of English Syntax*)이라는 책을 통해서 소개한 사람은 일본의 영문법 학자인 호소에 이쯔키(細江, 逸記, 1884-1947)이다. 이후 일제강점기를 통해 한국에 영어교육이 들어올 때 이러한 5형식이 함께 들어왔다. 문형을 5형식으로 분류하게 되면, 장점으로는 외국인으로써 영어를 공부하는데 문장을 단 5가지 유형(five patterns)만으로 정리하면 논리적으로도 간결하여 이해하기가 쉽게 하고 또한 속독에 기여를 해서 독해력 향상에 큰 도움을 줄 수 있지만, 단점으로는 부사(구)를 수식어(modifiers)로서 필수성분으로 바라보고 있지 않기 때문에 5형식론에만 입각하여 공부하다 보면 문장 분석에 혼선을 겪을 수도 있다는 것이다. 왜냐하면 문장의 유형 틀(structure) 안에 부사(구, 절)라는 수식어구가 들어 가며서 글쓴이의 생각과 감정을 더욱 구체적으로 자세하게

---

26) Roberts, *Understanding Grammar*, pp. 111-12.

설명하는 큰 도움을 주기에 많은 사람들이 많이 사용하는 요
소이기 때문에 절대로 그것을 떼어놓고 문형을 말하기가 어렵
다. 즉 문형은 수식어구를 어떻게 사용하느냐에 따라서 문형
의 분류가 5개, 7개, 25개, 80개, 또는 그 이상으로도 분류할
수 있기 때문이다.

　문형을 기본적으로 5가지로 나누는 경우는 다음과 같다. 만
약에 동사가 혼자서도 주어의 의도에 대해서 충분히 설명이
가능하면 「주어＋동사.」의 형태인 1형식문형(pattern one)이
되는 것이고, 만약에 동사가 혼자서 주어의 의도를 충분히 설
명하기에 부족하다면 다른 것들로부터 도움을 받아서 설명하
면 되는데 하나의 보어로만으로도 가능하면 「주어＋동사＋보
어.」의 형태인 2형식문형(pattern two)이 되는 것이고, 만약
에 하나의 목적어로만으로도 가능하면 「주어＋동사＋목적어.」
의 형태인 3형식문형(pattern three)이 되는 것이고, 만약에
두 개의 목적어를 통해서 설명이 가능하다면 「주어＋동사＋목
적어＋목적어.」의 형태인 4형식문형(pattern four)이 되는 것
이고, 만약에 보어와 목적어 두 개의 도움을 통해서 설명이
가능하다면 「주어＋동사＋목적어＋보어.」의 형태인 5형식문형
(pattern five)이 되는 것이다.[27]

---

27) **(1)동사의 종류:** 일반적으로 동사는 2가지 그룹인 연결동사(linking verbs)와 비연결
　　동사(non-linking verbs)로 분류하는 것 보다, 동사를 3가지 그룹인 타동사(transitive
　　verbs)와 자동사(intransitive verbs)와 연결동사(linking verbs)로 분류하는 게 일반적
　　다. 특히 연결동사는 바로 뒤에 주격보어(predicate complement)로서 '명사, 형용사,
　　분사, 부사, 전치사＋명사'가 뒤따르고, 또는 연결동사 없이 목적격보어(objective
　　predicate)로서 '명사, 형용사, 분사, 부사, 전치사＋명사'가 뒤따른다. 가장 자주 사용
　　되는 연결동사들로 "appear, become, come, fall, feel, get, go, grow, happen, keep,
　　leave off, lie, look, loom, prove, rank, remain, rest, run, seem, sit, smell, sound,
　　stand, stay, taste, turn, turn out, etc."가 있다.(George O. Cume, p. 106. or p. 140.)

　　He is a coward. (He=a coward) 그는 겁쟁이다.
　　Shakespeare was a dramatist. 셰익스피어는 극작가였다.
　　I am mad. (I=mad) 그는 미쳤다.
　　To err is human. 실수하는 것은 인간이다.

Night became day. 밤이 낮이 되었다.
She seems happy. 그녀는 행복해 보인다.
I felt depressed. 나는 절망감을 느꼈다.

The man is in prison. 그 남자는 감옥에 있다.
The man is home. 그 남자는 집에 있다.
Everything is in good order. 모든 것은 질서정연하다.

He fell heir to a large estate. (=became) 그는 거대한 땅의 주인이 되었다.
The cow has run dry. (=become) 그 암소는 젖이 안 나오게 되었다.
The spring has gone dry. (=become) 샘물이 말라갔다.

He called me a liar. (me=a liar) 그는 나를 거짓말쟁이라고 불렀다.
He thought me crazy. (me=crazy) 그는 내가 미쳤다고 생각했다.
I found him upstairs. 나는 그를 위층에서 발견했다.
The king dubbed his son a knight. 왕은 그의 아들에게 기사작위를 주었다.
He showed himself of noble spirit. 그는 스스로 희생정신을 보여주었다.
I thought it just. 나는 그것이 정당하다고 생각했다.
I painted the door green. 나는 문에 초록색 칠을 하였다.
He kept us waiting. 그는 계속 우리를 기다리게 했다.
I considered the matter settled. 나는 그 문제가 해결되었다고 생각했다.
I found everything in good condition. 나는 모든 것이 좋은 상태에 있음을 알았다.

He took me for my brother. (me=my brother) 그는 나를 형으로 착각했다.
I regard him as very skillful, as a very skillful man. (him=skillful)
나는 그가 매우 능숙하다고 생각한다.
They choose him as their king, 그들은 그를 왕으로 뽑았다.
I regard this as of great importance. 나는 이것이 중요한 문제라고 생각한다.

(2)**동사의 성질**: 타동사(transitive verbs)란 어떤 특정의 동작이 행위자(주어)에게서 대상(목적어)에게로 옮겨가는 것을 나타낸다.("An transitive verb denotes an action which passes over from the doer of the action to the object of it")(George O. Cume, pp. 22-3.)

The boy *struck* his dog. 소년은 개를 때렸다.
The girl *loves* her pretty doll. 소녀는 자신의 예쁜 인형을 좋아한다.

자동사(intransitive verbs)란 목적어란 대상과 관계없이 (주어의) 어떤 상태를 나타내거나 또는 (주어의) 단순한 동작을 나타낸다.("An intransitive verb denoted a state or simple action without any reference to an object")

John *is sleeping.* 존은 잠자고 있다.
I *dream* every night.
He often *acts* rashly.

*The sun *is melting* the snow. (transitive)

*The snow *is melting*. (intransitive)

(3)동사의 성질전환: 극히 일부의 동사들을 제외하고 대부분의 동사들은 자동사와 타동사의 성질을 모두 가지고 있다.("We speak of a verb as transitive if it has an object, and intransitive if it has none. The same verb is very often used both transitively and intransitively" — Otto Jesperson, Essentials of English Grammar, p. 116.) 글쓴이가 자신의 생각과 감정을 표현하기에 가장 적절한 동사를 스스로 선택하는 경우에, 동사만으로도 자신(주어)의 생각과 감정을 충분히 표현할 수 있으면 자동사를 선택하는 것이고, 자신의 행동에 대한 대상과 관계를 통해서 표현하고 싶으면 뒤에 목적어를 선택하는 것이고, 그리고 추가적인 정보가 더 필요하면 수식어구를 선택하는 것이다. 일반적으로 사람들이 동사를 선택할 때 더 자주 사용하는 동사들이 있을 수는 있다.

I study. (나는 공부한다.)
I study English. (나는 공부 한다 / 무엇을 / 영어를)

I want you. (나는 너를 원한다.)
I want you to study. (나는 너에게 원 한다 / 무엇? / 공부하기)
I want you to study English. (나는 너에게 원 한다 / 무엇? / 영어공부하기)

I looked at him. (vi+prep.) (대상)
I looked him the eyes. (vt+O+prep.) (대상의 신체부분)

I listened to him. (vi+prep.) ~귀를 기울이다, 경청하다(to) (現代語)
I listened him. (vt) ~을 경청하다 (古語)

He plays the piano. (vt) 그는 피아노를 연주한다.
He plays extremely well. (vi) 그는 훌륭하게 연주한다.

He left London. (vt) 그는 런던을 떠났다.
He left yesterday. (vi) 그는 어제 떠났다.

Most people smoke cigars. (vt) 대부분의 사람들은 담배를 피운다.
She does not smoke. (vi) 그녀는 담배 피우지 않는다.

We ended the discussion. (vt) 우리는 토론을 끝냈다.
The discussion ended at nine. (vi) 토론이 9시 끝났다.

The baby is growing fast. (vi) 아기는 빠르게 자라고 있다.
He is growing s mustache. (vt) 그는 콧수염을 기르고 있다.

His influence slowly decreased. (vi) 그의 영향력이 서서히 줄어들고 있다.
The company decreased the number of workers. (vt) 회사는 근로자 수를 줄였다.

The coffee in the pot boiled up. (vi) 주전자 속에 커피가 끓고 있다.

He boiled water. (vt) 그는 물을 끓였다.
She boiled me some tea. (vt) 그녀는 내게 차를 끓여주었다.

Her plan have changed. (vi) 그녀의 계획이 변경되었다.
I'm going to change my hair style. (vt) 나는 머리 스타일을 바꿀 것이다.

The class begins at ten. (vi) 수업은 10시에 시작한다.
They began the club two years ago. (vt) 그들은 2년 전에 클럽을 시작했다.

I got up early this morning. (vi) 나는 아침에 일찍 일어났다.
He got me up early this morning. (vt) 그는 나를 아침 일찍 깨웠다.

He kept silent. (vi) 그는 계속 침묵했다.
He kept me silent. (vt) 그는 내가 계속 침묵하도록 했다.

She ran to me. (vi) 그녀가 내게 달려왔다.
His life runs smoothly. (vi) 그의 인생은 평온하게 지나갔다.
He ran a hotel. (vt) 그는 호텔을 경영했다.
The children ran the streets at night. (vt) 아이들은 밤에 거리를 다니며 놀았다.

This book sells well. (vi) 이 책은 잘 팔린다.
They sell almost all kinds of books. (vt) 그들은 거의 모든 종류의 책을 팔고 있다.

He usually walks in the park in the morning. (vi) 그는 대개 아침에 공원에서 산책한다.
He usually walks her dogs in the park. (vt) 그는 대개 아침에 개를 산책시킨다.

He is standing there. (vi) 그는 저곳에 서있다.
He stood the ladder (up) against the wall. (vt) 그는 사다리를 세웠다.
He couldn't stand the pain. (vt) 그는 고통을 참을 수 없었다.

The underpass leads to the subway station. (vi) 그 지하도는 전철역으로 통한다.
The guide leads you to the station. (vt) 안내원이 너를 정류장으로 안내합니다.

He rose slowly from the chair.(vi) 그는 의자에서 천천히 일어났다.
He raised his hands. (only vt) 그는 자신의 손을 들었다.

(4)동사와 시제: 문장 안에는 반드시 글쓴이의 사상과 감정을 드러낼 때 시간 (time)적인 흐름을 표기해야만 한다. 그러나 각각의 나라의 문화에 따라서 시간에 대한 개념이 다를 수 있는데, 바로 그것을 시제(tense)라고 부른다. 그리고 문장 안에 시간을 표시하는 방법이 여러 가지 있지만 동사에 표기하는 것은 필수적인 것이라면("It is important to keep the two concepts time and tenses strictly apart. The former is common to all mankind and is independent of language; the latter varies from language to language and is the linguistic expression of time-relations, so far as these are indicated in verb forms." — Otto Jesperson, Essentials of English Grammar, p. 230.) 그 밖의 다른 품사들에 표기하는 경우도 많다. 일반적으로 동양에서는

3시제(현재, 과거, 미래)를 사용하는 반면에 영어권에서는 12시제(단순시제3, 완료시제3, 단순진행시제3, 완료진행시제3)를 사용한다는 것이다. 영어권에서 사용하는 진행시제와 완료시제를 주의해야 한다. 단순시제와 완료시제의 차이점은 시점(point of time)인데, 즉 단순시제는 단지 1시점에서 발생한 사건과 상황을 나타낼 때 사용하고, 완료시제는 2시점이라는 두 시간대가 공존할 때 또는 일정 기간을 언급할 때 사용한다.

He went out to play outdoors.
그가 밖에서 놀기 위해서 나갔다. (지금은 어디 있는지 모른다.)
He has gone out to play outdoors.
그가 밖에서 놀기 위해서 나갔다. (그래서 지금 집에 없다.)
He returned home yesterday. 그는 어제 집에 돌아왔다.

①단순시제(현재 또는 과거) 동사는 변하지 않는 어떤 사실에 대한 진술할 때 사용하고(원래 줄곧 하던 것을 진술, 묘사가 아니라 추상적으로 진술할 때), 단순 진행시제는 어떤 한 순간에만 진행 중인 동작을 진술할 때(그 순간 이전에는 아닐 수도 있음) 사용한다. 다시 말해서, 단순시제(현재 또는 과거) 동사는 변하지 않는 어떤 사실에 대해 진술할 때 사용하고(사실적인 묘사가 아니라 추상적으로 진술할 때), 단순 진행시제는 어떤 한 순간에만 진행 중인 동작을 진술할 때(그 순간 이전에는 아닐 수도 있음) 사용한다.

He goes to school. 그는 학교 다닌다. (학생이다.)
He is going to school. 그는 지금 학교로 가고 있는 중이다.

He drives a car. 그는 차를 몰고 있다. (직업이 운전기사이다.)
He is driving a car. 그는 지금 운전 중에 있다.

②현재완료는 동작은 과거의 동작인데, 이로 인해 현재의 상태가 결합되어 있는 것을 말한다. 이 두 시제에서 현재라는 시점이 중요하다. 즉 동작은 이미 과거에 했는데 그런데 그 동작이 지금 나에게 어떤 영향을 끼쳤을 때 사용한다는 것이다. 다시 말해서 현재 나의 상태를 보는, 지금의 나만을 보는 게 아니라 과거의 있었던 동작을 보면서 "과거의 동작으로 인해서 지금 내가 이렇게 되었군?"이라고 할 때 사용한다.

He ate breakfast. 그는 아침을 먹었다.
(=He ate breakfast, but we don't know whether he is full or not.)
He has eaten breakfast. 그는 아침식사를 이미 끝내서 지금 배부르다.
(=He ate breakfast, so he am not hungry or I am full.)

③완료시제로 된 문장을 해석할 때, 두 시간대에서 발생하는 상황들을 추론해서 "완료, 경험, 계속, 결과" 중에서 선택적으로 해석한다. 단, 드문 경우이기는 하지만 수반되는 부사(already, just, before, since, for, …)들을 통해서 도움을 받을 수 있다.

I have already finished the work. (완료)
나는 이미 그 일을 끝냈다. (자! 이제 뭘 하지?)

I have seen the animal before. (경험)
나는 그 동물을 전에도 본적이 있다. (그래서 잘 알고 있다.)
We have loved each other for ten years. (계속)
우리는 10년 동안 서로 사귀는 중이다. (지금도 진행 중이다.)
We have been playing the baseball for three hours. (계속)
우리는 3시간 동안 야구경기를 하고 있는 중이다. (지금도 진행 중이다.)
I have lost my watch. (결과)
나는 시계를 잃어버렸다. (그 결과로 지금 시계가 없다.)

(5)동사와 전치사: 자동사는 뒤에 전치사를 동반해서 관용어구(숙어)를 형성해서 자주 사용된다.

(자동사+전치사) fall to, arrive at(in), react to, respond to, talk with(to), stay in(at), consist of, cooperate with, participate in, agree to(with, on), etc.

(타동사로 혼동하기 쉬운 자동사들 = 자동사+전치사) abide by, account for, apologize to, apply for, approve of, comply with, consent to, contribute to, deal with, depend on, insist on, proceed with, react to, refrain from, talk about, think of, benefit from, interfere with, subscribe to, compete with, wait for, etc.

(자동사로 혼동하기 쉬운 타동사들) access, acquire, appreciate, approach, attend, complete, discuss, express, indicate, inspect, invite, mention, provide, purchase, reach, return, supply, etc./rise, arise, expire, speak, listen, emerge, etc.

(6)동사의 의미전환: 동사는 자동사일 때와 타동사일 때 대부분은 그 의미가 비슷하지만 특정한 상황에 따라서 전혀 다른 경우도 있기 때문에 주의해서 선택해야 한다. 특히 같은 성질일 때도 상황에 따라서 의미가 전혀 다를 수도 있다는 것이다.

Nails are making in this factory. (vi) (~제조되다)
We made hay. (vt) (~을 만들다)

He will make an excellent scholar. (pattern three) (~가되다)
He made her his wife. (pattern five) (~가 되게 하다)

He made towards the door. (vi) (~으로 나아가다)
He made the baseball team. (vt) (~의 일원이 되다)

(7)동사와 문형: 동사가 자동사라고 해서 반드시 1형식과 2형식 문형을 만들 수 있는 것이 아니고 동사에 따라서 각각 만들 수 있는 문형이 정해져 있으며, 또한 타동사라고 해서 반드시 3형식과 4형식과 5형식 문형 모두를 만들 수 있는 것이 아니라 동사에 따라서 각각 만들 수 있는 문형이 정해져 있다는 사실이다. 예를 들어, 동사 'want'는 자동사와 타동사 성질 모두를 가지고

[1형식문형] S+Vi / (M)

Day dawns.

날이 밝다.

He died.

그가 죽었다.

The shades of night were falling.

밤의 그림자가 드리웠다.

Dogs bark.

개가 짓다.

Cats play.

고양이가 놀고 있다.

Man speaks.

인간은 말한다.

She cried loudly.

그녀가 소리 크게 울었다.

The baby slept in the cradle.

아기가 아기침대에서 자고 있다.

They were in the school.

그들은 학교에 있었다.

The dog and the cat do not agree very well.

개와 고양이는 서로가 사이가 좋지 않다.

They stood on the cliff for several hours.

그들은 절벽에 여러 시간 동인 서있었다.

Government of the people, by the people, for the people
not perish from the Earth.

국민에 의한, 국민을 위한, 국민의 정부는 지구상에서 망하지 않는다.

The dog (that my brother bought yesterday in London)

있지만 타동사로서 「~+목/~+목+전+명/~+that(절)/~+doing/~+to do/~+목+to do/~+목+done/~+목+ doing/~+목+보」 등의 3형식과 5형식 문형들을 다양하게 만들 수는 있지만, 4형식 문형은 만들 수 없다.

barked (furiously at the butcher).

어제 형이 런던에서사온 개가 도살장에서 격렬하게 울부짖고 있었다.

[2형식문형] S+Vi+C(adjective, noun) / (M)

Croesus was rich or a king.

크리서스는 부자이면서 왕이었다.

I am he.

내가 그 사람이다.

Many lay dead.

많은 사람들이 죽어서 누워 있었다.

He became mad.

그는 실성했다.

Seeing is believing.

보는 것이 믿는 것이다. (백문이 불여일견이다.)

To err is human.

죄를 짓는 것은 인간이다.

She was alone in the car.

그녀는 차에 혼자 남았다.

She was the manager of the hotel.

그녀는 그 호텔의 매니저였다.

He was a law school student in his younger days.

그는 젊었을 때 법과대학 학생이었다.

In my theory, a good daughter always makes a good wife.

내 생각에, 착한 딸이 항상 좋은 아내가 된다.

[3형식문형] S+Vt+O(noun) / (M)

Cats catch mice.

고양이들이 생쥐를 잡는다.

He makes his own life.

그는 자신의 생활방침을 정한다.

I wish to master English.

영어에 숙달하고 싶다.

The sea hath its pearls. (*hath = has)

바다는 자신만의 보석을 가지고 있다.

She ate the apple.

그녀는 사과를 먹었다.

The man caught the fish with bare hand.

그 사람은 맨 손으로 고기를 잡았다.

We found the man in the woods.

우리는 그 남자를 숲 속에서 발견했다.

She put the apples on the table.

그녀는 사과를 탁자위에 놓았다.

[4형식문형] S+Vt+IO(noun, pronoun)+DO(noun, noun phrase, noun clause) / (M)

We taught the dog tricks.

우리는 그 개에게 재주를 가르쳤다.

I ask you this question.

나는 너에게 이 질문을 한다.

*Conscience bids me speak.

양심이 나에게 말하도록 시킨다.

They gave me a book.

그들이 나에게 책을 주었다.

They bought me a cake.

그들이 나에게 케이크를 사 주었다.

[5형식문형] S+Vt+O(noun, pronoun)+OC(adjective, adjective phrase, noun, noun phrase, noun clause) / (M)

Nothing makes a Stoic angry.

아무도 금욕주의자를 화나게 하지 않는다.

People called him a doctor.

사람들은 그를 의사라고 불렀다.

They elected him Consul.

사람들은 그를 총독으로 뽑았다.

He counted himself a happy man.

그는 자신을 행복한 사람으로 생각했다.

It drove him mad. drive

그것은 그를 실성하도록 몰아붙이다.

He always made me happy.

그는 언제나 나를 행복하게 해 주었다.

They want me study hard.

그들은 내가 열심히 공부하기를 원한다.

San Jose State College의 Paul Roberts 교수는 문장의 유형(patterns)을 7형식(seven patterns)으로 나누고 있다.[28] 그가 주장한 문형들을 1904년 영어학자인 C. T. Onions가 *An Advanced English Syntax: Based on the Principles and Requirements on the Grammatical Society*에서 주장한 5형식 문형들과 비교 설명한다면, 먼저 공통점으로 1~3형식은 동일하고 4~5형식도 5~6형식으로 이동만 했으며, 그리고 차이점으로 4형식과 7형식이 추가되었는데 먼저 4형식인 '주어+동사(연결동사)+보어(명사)'는 2형식을 더 세분화시켰을 뿐이고, 7형식인 'There+be동사+명사'또한 1형식을 더 세분화시켰을 뿐이다.

[1형식문형] : 주어+동사.

---

28) 같은 책, pp. 174-82.

Babies cry.

아기들이 울고 있다.

Lions roar.

사자들이 으르렁거리고 있다.

Lions are roaring.

사자들이 으르렁거리고 있는 중이다.

The lions were roaring loudly.

사자들이 큰 소리로 으르렁거리고 있는 중이다.

All the old circus lions that my brother is keeping in a shed behind our house roar so much every morning about four hours that they wake up the whole neighborhood.

나의 형이 집 뒷마당 헛간에 보관하고 있는 늙은 서커스 사자들이 매일 아침 네 시간동안 너무 크게 으르렁거려서 이웃주민들이 잠에서 깨어난다.

He left. He had left.

그가 떠났다. 그가 떠나서 여기 없다.

That hurts.

그것은 아프다.

My motor knocks.

자동차가 부딪치다.

The car may explode.

그 자동차는 폭발할지도 모른다.

[2형식문형] : 주어＋동사＋보어(형용사).

Children are noisy.

아이들은 소란스럽다.

Alice looked foolish.

엘리스가 바보 같아 보인다.

She seems better.

그는 좀 더 좋아 보인다.

The boys were unhappy.

그 소년들은 행복하지 않다.

The boys had been unhappy.

그 소년들은 행복해 보이지 않았다.

The boys had been unhappy often.

그 소년들은 가끔 행복해 보이지 않았다.

The cake turned blue later.

그 케이크는 나중에 파랑색으로 변했다.

My arm stayed sore.

팔이 줄곧 아팠다.

The meal tasted terrible.

그 음식은 끔찍한 맛이었다.

He sounds contrite.

그의 목소리는 죄를 뉘우치고 있는 듯했다.

This smells good.

이것은 냄새가 좋다.

Alice was getting sick.

엘리스는 점점 병들어갔다.

The cow ran fat.

그 소는 점점 살쪘다.

Grass is green.

유리는 녹색이다.

They were comfortable.

그들은 편안했다.

[3형식문형] : 주어＋동사＋목적어(명사).

George shoots lions.

조오지가 사자를 (총으로) 쏘았다.

Albert bit me.

앨버트가 나를 때렸다.

She plays piano.

그녀는 피아노를 연주한다.

Lions eat meat.

사자들은 고기를 먹는다.

The lions was eating the meat.

사자들이 고기를 먹고 있는 중이다.

The lions was eating the meat happily.

사자들이 고기를 행복하게 먹고 있는 중이다.

Nobody had seen Florence.

아무도 플로렌스를 보지 못했다.

Some Egyptians left this package.

몇몇 이집트인들이 자신들의 가방을 놓고 떠났다.

[4형식문형] : 주어＋동사＋보어(명사). (동사＝linking verbs)

George are a teacher.

조오지는 교사이다.

That man is my brother.

그 사람은 나의 형이다.

He is a lawyer.

그는 변호사이다.

He became a teacher.

그는 교사가 되었다.

We remained friends.

우리는 친구로 남았다.

Albert looked a fool.

앨버트는 바보처럼 보였다.

He continued my friend.

그는 여전히 나의 친구였다.

[5형식문형] : 주어＋동사＋목적어＋목적어.

Albert gave Alice a tomato.

앨버트가 엘리스한테 토마토를 주었다.

My father gave my brother a beating.

나의 아버지는 동생에 주먹을 날리셨다.

She sent me her picture.

그녀가 나에게 자신의 사진을 보냈다.

Albert taught his children English.

앨버트는 아이들에게 영어를 가르쳤다.

Albert asked you a question.

앨버트가 너에게 질문을 했다.

[6형식문형] : 주어＋동사＋목적어＋보어.

Albert called Alice a tomato.

앨버트가 엘리스를 토마토라고 불렀다.

Albert thought my brother a monkey.

앨버트는 내 동생을 원숭이라고 생각했다.

We elected Albert chairman.

우리는 앨버트를 의장으로 뽑았다.

His teacher made him a great pianist.

그의 선생님께서 그를 훌륭한 피아니스트로 만들었다.

I believed her an honest girl.

나는 그녀를 정직한 소녀라고 믿었다.

[7형식문형] : There＋be동사＋명사.

There were some men here.

여기에 몇 사람들이 있었다.

There was a man here.

여기에 그 사람이 있었다.

There are two bucket outside.
밖에 두 개의 양동이가 있다.
There is a snake under the tree.
나무 아래에 뱀에 있다.
There goes the phone!
전화가 왔다!
Here is Sam.
여기에 쌤이 있다.
Here are the apples.
여기에 사과들이 있다.

영국의 영어 교육가이면서 사전 편찬자이며 언어학자인 Albert S. Hornby(1898-1978)는 1942년부터 영어의 동사를 전체적으로는 분류할 때는 25가지 형태(25 verb patterns)[29]로 나누지만 세부적으로 분류할 때는 80가지 형태(80 verb patterns)라고 말하고 있다. 1(VP1)번에서 부터 36(VP5)번까지는 자동사(Vi, intransitive verb)이고 37(VP6)번에서부터 80(VP25)번까지는 타동사(Vt, transitive verb)이다.

그가 주장한 문형들을 C. T. Onions가 *An Advanced English Syntax: Based on the Principles and Requirements on the Grammatical Society*에서 주장한 5형식 문형들과 비교 설명한다면, 먼저 공통점으로 1~5형식 유형 안에서 동일하게 설명이 가능하다는 점이고, 그리고 차이점으로 동사에 뒤따르는 요소들을 구체적으로 최대한 세분화시켜서 80가지 다양한 문형들로 나누어 설명하고 있다는데, 특히 Albert S.

---

29) A. S. Hornby, *Guide to Patterns and Usage in English*, 2nd. Ed. (Great Britain: The English Language Book Society and Oxford University Press, 1975), pp. 12-3. "The 25 verb patterns set out in the first edition (1954) have been revised and renumbered. The renumbered patterns of this second edition are identical with those used in the third edition of the *Oxford Advanced Learner's Dictionary of Current English* (Oxford University Press, 1974)."

Hornby는 문장의 유형(patterns) 안에 수식어구들을 집어넣어서 다양하게 활용되고 있음을 보여주고 있다는 점에서 확실하게 다르다. 예를 들면, 보어로 '명사와 형용사'가 뒤따를 수 있다고 설명하지 않고 '명사상당어구와 형용사상당어구'들로 아주 구체적으로 세분화시켜서 설명을 하고 있는데, 형용사상당어구들은 '일반형용사(kind, bad, good, beautiful, delicious), to부정사(to sleep, to study), of+추상명사, (of importance), 분사(현재분사sleeping, 과거분사surprised)'로 명사상다어구들은 '일반명사(school, they), 대명사(he, they), 동명사(sleeping), to부정사(to sleep), 명사절(that, whether, who, when, whoever)'등으로 세분화시켰다. 또한 주어와 목적어로 사용되는 명사도 '일반명사, 대명사, 동명사, to부정사, 가주어, 가목적어'등으로 세분화시켰다.

[VP1]　S＋BE＋complement/adjunct

[VP2A]　S＋vi

[VP2B]　S＋vi＋(for)＋adverbial adjunct

[VP2C]　S＋vi＋adverbial adjunct

[VP2D]　S＋vi＋adjective/noun/pronoun

[VP2E]　S＋vi＋present participle(phrase)

[VP3A]　S＋vi＋preposition＋noun/pronoun/gerund

[VP3B]　S＋vi＋(preposition＋it)＋clause

[VP4A]　S＋vi＋to-infinitive(phrase)

[VP4B]　S＋vi＋to-infinitive(phrase)

[VP4C]　S＋vi＋to-infinitive(phrase)

[VP4D]　S＋SEEM/APPEAR, etc＋(to be)＋adjective/noun

[VP4D*]　S＋SEEM/APPEAR＋adjective/noun＋to-infinitive(phrase)/gerund(phrase)/clause

[VP4E]　S＋SEEM/APPEAR/HAPPEN/CHANCE＋to-infinitive(phrase)

[VP4F]　S＋BE＋to-infinitive(phrase)

[VP5]　　S＋anomalous finite＋infinitive(phrase)

[VP6A]　S＋vt＋noun/pronoun

[VP6B] S+vt+noun/pronoun (cognate object)

[VP6C] S+vt+gerund(phrase)

[VP6D] S+vt+gerund(phrase)(to-infinitive)

[VP6E] S+NEED/WANT, etc+gerund(phrase)(passive meaning)

[VP7A] S+vt+(not)+to-infinitive(phrase)

[VP7B] S+HAVE/OUGHT, etc+(not)+to-infinitive(phrase)

[VP8] S+vt+interrogative pronoun/adverb+to-infinitive(phrase)

[VP9] S+vt+that-clause

[VP10] S+vt+dependent clause(relatives)/question

[VP11] S+vt+noun/pronoun+that-clause

[VP12A] S+vt+noun/pronoun(IO)+noun/pronoun(phrase)(DO)

[VP12B] S+vt+noun/pronoun(IO)+noun/pronoun(phrase)(DO)

[VP12C] S+vt+noun/pronoun+noun/pronoun(phrase)

[VP13A] S+vt+noun/pronoun(DO)+to+noun/pronoun(phrase)

[VP13B] S+vt+noun/pronoun(DO)+for+noun/pronoun(phrase)

[VP14] S+vt+noun/pronoun(DO)+preposition+noun/pronoun(phrase)

[VP15A] S+vt+noun/pronoun(DO)+adverb(phrase)

[VP15B] S+vt+noun/pronoun(DO)+adverbial particle

[VP16A] S+vt+noun/pronoun(DO)+to-infinitive(phrase)

[VP16B] S+vt+ noun/pronoun(DO)+as/like/for+noun(phrase)/clause

[VP17A] S+vt+noun/pronoun+(not)+to-infinitive(phrase)

[VP17B] S+vt+noun/pronoun+(not)+to-infinitive(phrase)

[VP18A] S+vt+noun/pronoun+(bare) infinitive(phrase)

[VP18B] S+vt+noun/pronoun+(bare) infinitive(phrase)

[VP18C] S+HAVE+noun/pronoun+(bare) infinitive(phrase)

[VP19A] S+vt+noun/pronoun+present participle(phrase)

[VP19B] S+vt+noun/pronoun+present participle(phrase)

[VP19C] S+vt+noun/pronoun/possessive+one('s)~ing form of the verb

[VP20] S+vt+noun/pronoun+interrogative+to-infinitive(phrase)

[VP21] S+vt+noun/pronoun+dependent clause/question

[VP22] S+vt+noun/pronoun/gerund(DO)+adjective(object complement)

[VP23A] S+vt+noun/pronoun(DO)+noun(phrase)(object complement)

[VP23B] S+vt+noun/pronoun(DO)+noun(phrase)(subject complement)

[VP24A] S+vt+noun/pronoun(DO)+past participle(phrase)

[VP24B] S+HAVE+noun/pronoun(DO)+past participle(phrase)
[VP24C] S+HAVE/GET+noun/pronoun(DO)+past participle(phrase)
[VP25] S+vt+noun/pronoun(DO)+(to be)+adjective/noun

(VP=verb pattern, S=subject, vi=intransitive verb, vt=transitive verb,
 DO=direct object, IO=indirect object)

이상과 같이 영어 문형을 간략하게 5가지로 분류하는 것보다 80가지로 분류하는 게 학습자들이 실제로 영어를 사용할 때(독해, 영작, 회화) 바로 응용이 가능하다는 점에서 매우 효과적이다. 문형을 5가지로 간단하게 논리적으로 분류를 하는 것은 학습자가 이해하는데 많은 도움이 될 수 있지만 막상 실제로 응용하고자 할 때는 혼란을 겪을 수 있다. 왜냐하면 5형식을 'S+Vt+O+OC(n, a)'로만 알고 있다가 실제 영어독해를 하다보면 5형식 문형은 목적보어로 명사와 형용사를 그 상당어구들로까지 세분화시켜서 응용되어 다양한 형태로 분류하고 있고 또한 수식어구(부사, 부사구, 부사절, 형용사 제한 적용법)를 광범위하게 사용하고 있기 때문에 매우 혼란을 겪기 때문이다. 그러나 본서에서처럼 문형을 최대한 구체적으로 세분화시켜서 80가지 유형들로 분류하면 학습자들이 너무 양이 많고 복잡하게 보여서 이해하는데 어려움을 겪을 수는 있지만, 실제로 영어 독해할 때는 학습자들이 배웠던 각각의 익숙한 문형들이 곧바로 사용되고 있기 때문에 혼란을 겪지 않는다. 아래에서 설명되고 있는 각각의 문형들을 연습하여 익숙한 상태가 된다면 학습자들이 영어를 통해서 독해하거나 영작하거나 회화하거나 무엇을 하던 간에 매우 효과적이고 매우 많은 도움이 될 것이라 감히 확신하는 바이다.

[VP1] S+BE+complement/adjunct

1. S+BE+noun/pronoun

His father is a lawyer.

그의 아버지는 변호사이다.

Parts of my house are 15th century.

나의 집의 일부들은 15세기의 것들이다.

Whether he will agree is another question.

그가 동의를 할지 어떨지는 또 다른 문제이다.

What age is she?

그녀는 몇 살인가요?

Who is that?

저분이 누구시죠?

2. S+BE+adjective

The children are asleep.

아들이 잠들었다.

I was not aware of that.

나는 그것을 깨닫지 못했다.

The main deck was afloat.

주갑판이 침수되었다.

That he will refuse is most unlikely.

그가 거절하리라는 것은 믿기 힘들다.

3. S+BE+preposition group

The question is of no importance. (=unimportant)

그 문제는 중요하지 않다.

She is in good health. (=well)

그녀는 건강하다.

Your memory is at fault. (=faulty)

너의 기억은 잘못됐다.

We were all out of breath. (=breathless)

우리 모두는 숨도 쉴 수 없을 정도였다.

At last he was at liberty. (=free)

마침내 그는 자유가 되었다.

This poem is beyond me. (=too difficult)

이 시는 너무 어렵다.

We are not yet out of danger. (=safe)

우리는 아직 안전하다.

Everything is of no importance. (=unimportant)

모든 것이 중요하지 않다.

The machine is out of order. (=broken)

기계가 망가졌다.

This letter is for you.

이 편지는 너를 위한 것이다.

4. S+BE+adverbial adjunct

My house is near the station.

나의 집은 정류장 근처이다.

Your friend is here.

너의 친구가 여기 있다.

The book you're looking for is here.

네가 찾고 있는 그 책이 여기에 있다.

The train is in.

기차가 들어오고 있다.

The concert is over.

음악회가 끝났다.

The whole scheme is off.

전체 계획이 잘못되었다.

Everything between them was at an end.

그들 사이의 모든 것이 끝났다.

A plan of the town is on page 23.

그 도시의 계획은 23쪽에 있다.

Was anyone up?

누가 위에 있나요?

5. There+BE+subject

There is a large crowd.

많은 사람들이 있다.

There is a man waiting to see you.

한 사람이 너를 보기위해서 기다리고 있다.

There's only one man qualified for the job.

단지 한 사람만이 그일 자격이 있다.

There are still many things worth fighting for.

여전히 많은 문제들이 투쟁할 가치가 있다.

There can be very no doubt about his guilt.

그의 범죄에 대한 의심이 남아있을리가 없다.

There can't have been much traffic so late at night.

그렇게 늦은 밤에 교통체증이 있었을 리가 없다.

There must be a mistake somewhere.

분명 어디엔가 실수가 있을 겁니다.

*There's no accounting for tastes. (*idiom)

=It's impossible to account for tastes.

취향은 다양하다.

6. There+BE+subject+adverbial adjunct

There are three windows in this room.

이 방에는 창문이 세 개가 있다.

There was a thunderstorm in the night.
밤에 뇌우가 있었다.
There are several hotels in this town.
이 도시에 여러 호텔들이 있다.
Are there many apples on your trees this year?
올해 사과나무에 과일이 많이 열렸나요?

7. It+BE+adjective/noun+to-infinitive(phrase)

It was a pleasant surprise to be told that I'd been
promoted.
내가 승진했다는 뜻밖의 즐거운 소식이 들렸다.
It's a pity to waste them.
그것들을 낭비해버린다는 것은 유감이다.
It would be a mistake to ignore their advice.
그들의 충고를 무시하는 것은 실수가 될 겁니다.
It's so nice to sit here with you.
너와 여기에 앉게 되다니 행복합니다.
It would have been wiser to reduce speed.
속도를 낮추면 더 현명했을 텐데.

8. How/What+adjective/noun+(it+BE)+to-infinitive(phrase)

How nice (it is) to sit here with you!
너와 여기 앉게 되다니 얼마나 행복한지요!
How much wiser (it would have been) to reduce speed!
속도를 좀 더 늦추었다면 얼마나 현명한 일이었을까!
What a pity (it is) to waste them!
그것들을 낭비했다는 것은 정말로 유감스러운 일이다!
What a mistake (it would be) to ignore their advice!
그들의 충고를 무시한 것은 정말로 실수가 될 거다!

9. It+BE+adjective/noun+gerund(phrase)

It is so nice sitting here with you.
너와 여기에 앉아 있게 되어서 행복하다.
It's wonderful lying on the beach all day.
하루 종일 해변에 누워있게 되어서 좋았다.
It won't be much good complaining to them.
그들에게 불평하는 것은 좋은 일이 아니다.

*It wouldn't be any good my talking to him.
=It wouldn't be any good for me to talk to him.
내가 그들과 대화하는 것이 좋은 일은 아닐 겁니다.

10. S+BE+clause

The trouble is (that) all the shops are shut.
문제는 모든 상점들이 문을 닫았다는 것이다.
This is where I work.
이곳이 내가 일하는 곳이다.
Everything was as we had left it.
모든 것이 우리가 떠났을 때처럼 그대로이다.
Is this what you're looking for?
이것이 네가 찾고 있던 것인가요?

*My suggestion is (that) we should plant more trees
in the streets.
=My suggestion is for more trees to be planted in the
streets. (*S+BE+for+noun+to-infinitive)
나의 제안은 우리가 거리에 더 많은 나무들을 심어야 한다는 겁니다.

11. It+BE+noun/adjective+clause

It is a pity (that) you couldn't come.

네가 올 수 없다는 것은 유감스러운 일이다.

It is possible he didn't get your message.

그가 너의 메시지를 못 받았다는 것은 가능하다.

It's splendid news that you've found a job.

네가 드디어 직업을 구했다는 것은 좋은 일이다.

It's doubtful whether he'll be able to come.

그가 올 수 있을지 어떨지가 의심스럽다.

It's time you started.

네가 출발할 시간입니다.

It was a mystery how the burglars got in.

밤도둑들이 어떻게 침입했는지 의문이다.

It'll be a long time before we ask him around again.

우리는 오랫동안 그의 주변 사람들에게 질문을 했다.

It would be sad if that happened.

만약에 그 일이 발생했다면 슬픈 일이다.

It'll be a great day when the peace treaty is signed.

평화조약이 체결된 멋진 날이다.

12. S+BE+to-infinitive(phrase)

My aim was to help you.

나의 목적은 너를 돕는 것이다.

This house is to let. (=to be let)

이집은 세를 놓습니다.

All you have to do is (to) fit the pieces together.

네가 해야 할 것은 그 조각들을 조립하는 겁니다.

The thing to do is (to) pretend you didn't hear.

해야 할 일은 네가 듣지 못한 척하는 거다.

What is to pay? (= How much is there to pay?)
얼마를 지불해야 하나요?
Who's to blame? (= Who's to be blamed?)
누가 비난받아야 하나요?
*The solution is not far to seek.
=One need not go far to find the causes.
해답은 가까운 곳에 있다.

13. It+BE+adjective/noun+for+noun/pronoun+to-infinitive(phrase)

It is hard for him to live on his small pension.
=For him to live on his small pension is hard.
=How hard it was for him to live on his small pension!
그가 적은 연금으로 산다는 것은 힘 드는 일이다.

It is a relief for us to be together at last.
=What a relief it is for us to be together at last!
마침내 우리가 같이 있다는 사실이 위안이 되다.

It is difficult for anyone to be angry with her.
=How difficult it is for anyone to be angry with her!
누군가가 그녀에게 화를 낸다는 것은 어려운 일이다.

[VP2A] S+vi
14. S+vi

We all breathe, drink and eat.
우리 모두는 호흡하고 마시고 먹는다.
The sun was shining.
태양이 빛나고 있다.

That will do.

그것은 효과적일 거다.

Everything fits.

모든 일이 적절하다.

Whether we start now or later doesn't matter.

우리가 지금 떠나든 나중에 떠나든 중요한 문제가 아니다.

15. There+vi+subject

There followed a long period of peace and prosperity.

오랫동안에 평화와 번영이 뒤따랐다.

There comes a time when we feel we must make a protest.

우리가 드디어 대항할 때가 되었다고 생각한다.

Later there developed a demand for new and improved methods.

나중에 새롭고 개선된 방법들에 대한 요구가 나타났다.

There entered a strange little man.

이상하고 작은 사람이 들어왔다.

16. It+vi+subject(clause/to-infinitive phrase)

It does not matter whether we start now or later.

우리가 지금 떠나든 나중에 떠나든 중요한 일이 아니다.

It only remains to wish you both happiness.

너에게 행복이 있기를 바랄뿐입니다.

It only remains for me to thank you.

나는 너에게 감사할 따름입니다.

17. It+vi+subject(that-clause)

It seems (that) the socialists will be elected.

사회주의자들이 뽑힐 듯하다.

It appears (that) the plane did not land at Rome.
비행기가 로마에 착륙하지 못할 듯하다.
It doesn't follow that he's to blame.
그가 비난받을 것으로 추정되지는 않는다.
It happened that I was not in London at the time.
그때 어쩌다가 런던에 없었다.
It (so) chanced that we weren't in when she called.
그녀가 전화했을 때 어쩌다가 안에 없었다.

[VP2B] S+vi+(for)+adverbial adjunct

18. We walked (for) five miles.
    우리는 5마일도안 걸었다.
    He jumped two meters.
    그는 2미터를 뛰었다.
    We waited (for) half an hour.
    우리는 30분 동안 기다렸다.
    He has travelled thousands of miles.
    그는 수천마일을 여행했다.
    The temperature fell several degrees.
    온도가 여러 단계로 덜어졌다.
    This box weighs five kilos.
    이 상자는 5킬로 무게가 나간다.
    The forest stretch (for) hundreds of miles.
    그 숲은 수백 마일까지 펼쳐졌다.
    The play ran (for) more than two years.
    그 연극은 2년 이상동안 계속 되었다.
    A little kindness goes a long way.
    작은 친절이 오래간다.
    My watch loses two minutes a day.
    나의 시계는 하루에 2분 늦다.

[VP2C] S+vi+adverbial adjunct

19. I shall go by train.

나는 버스로 갈 것이다.

My hat blew off.

나의 모자가 (바람에) 날아갔다.

We must turn back.

우리는 돌아가야 한다.

It looks like rain.

비가 올 듯하다.

She's working as a tourist guide.

그녀는 여행 가이드로 일한다.

The toys were lying all over the floor.

장난감들이 온통 바닥에 놓여 있다.

He behaves as if he owned the place.

그는 마치 그 곳을 소유한사람처럼 행동한다.

[VP2D] S+vi+adjective/noun/pronoun

20. S+vi+adjective

He is growing old.

그는 점점 더 늙어간다.

Her dreams have come true.

그의 꿈들이 (드디어) 사실로 이루어졌다.

The meat has gone bad.

그 고기는 상했다.

The leaves are turning brown.

나뭇잎들이 갈색으로 변하고 있다.

Don't get angry.

화내지 마세요.

My blood ran cold.

피가 얼어붙는 것 같았다.(소름이 끼쳤다.)

She fell ill.

그녀가 병들었다.

His jokes are becoming boring.

그의 농담들이 지루해져갔다.

The material is wearing thin.

그 물체가 닳아서 얇아져 갔다.

21. S+vi+adjective

The dinner smells good. (*The verbs of the senses)

저녁식사(음식)가 좋은 냄새가 난다.9맛있어 보인다.)

Silk feels soft and smooth.

실크는 폭신하고 부드러운 느낌이 난다.

This coffee tastes burnt.

이 커피는 (눌어) 탄내가 난다.

22. S+vi+adjective

Everything looks different. (*collocation)

모든 것이 달라 보인다.

She married young.

그녀는 젊어서 결혼했다.

The door blew open.(shut)

문이 바람에 열렸다.

Please keep quiet.

조용히 해주세요.

Do lie/stand/sit still!

움직이지 마세요!

I'm feeling fine.

나는 좋은 기분이 든다.

He remained silent.

그는 계속해서 침묵했다.

The box fell (to the floor) broke open.

상자는 (바닥에) 떨어져 확 열렸다

23. S+vi+adjective past participle

You look tired.

너는 피곤해 보인다.

How did they become acquainted?

그들과 어떻게 친해졌나요?

He appeared perplexed.

그는 당황스러워 보였다.

The report sounds true.

그 보고는 사실같이 들린다.

24. S+vi+noun/reflexive pronoun

He died a millionaire.

=He was a millionaire when he died.

그는 백만장자로 죽었다.

Let us part good friends.

=Let us be good friends as we part.

우리 좋은 친구로 헤어지자.

[VP2E] S+vi+present participle(phrase)

25. The children came running to meet us.

=The children were running to meet us when they came.

아이들은 우리를 만려고 뛰어오고 있었다.

He stood addressing the strikers at the factory gate.

그는 공장 입구에서 파업 참가자들에게 서서 계속 말했다.

She lay smiling at me.

그녀는 누워서 계속 나를 보고 미소를 지었다.

Do you like to go dancing?

춤추러 가고 싶은가요?

[VP3A] S+vi+preposition+noun/pronoun/gerund

26. He succeeded in solving the problem.

그는 그 문제를 푸는데 성공했다.

You can rely on me.

=I can be relied on.

나에게 의지해도 좋습니다.

We can send for a doctor.

=A doctor must be sent for.

우리는 의사를 부르러 보낼 수 있다.

27. S+vi+preposition+noun/pronoun+to-infinitive(phrase)

We're waiting for our new car to be delivered.

우리는 새 차가 배달되기를 기다리고 있다.

(*We're waiting for the delivery of our new car.)

They advertised for a young girl to look after the children.

그들은 어린 소녀가 아이들을 돌보는 광고를 냈다.

(*They advertised for a nursemaid.)

[VP3B] S+vi+(preposition+it)+clause

28. Can you answer (for it) that this man is honest?

너는 이 사람이 정직하다고 대답할 수 있는가?

Everything depends on whether they've got the
courage of their convictions.

모든 것은 그들이 자신을 희생할 용기가 있느냐에 달려있다.

Just look (at) what you have done.

네가 한 일을 봐라.

I agree (to) that it was a mistake.

나는 그것이 실수라는 점에 동의한다.

[VP4A] S+vi+to-infinitive(phrase)

29. We stopped to have a rest. (=in order to)

우리는 쉬기 위해서 멈췄다.

We went to hear the concert. (=in order to)

우리는 그 음악회에서 음악을 듣기 위해서 갔다.

He got up to answer the phone. (=in order to)

그는 전화를 받기 위해서 잠에서 깼다.

[VP4B] S+vi+to-infinitive(phrase)

30. He turned to see the sun setting.

그는 돌아서 태양이 지는 것을 봤다.

The drunken man awoke to find himself in a ditch.

=He awoke and found himself in a ditch.

=When he awoke he found himself in a ditch.

술 취한 사람이 잠에서 깨어나 도랑에 빠져있는 있음을 알았다.

*The people grew to believe that she was a witch.

사람들은 자라면서 그녀가 마녀임을 믿게 되었다.

[VP4C] S+vi+to-infinitive(phrase)

31. They agreed not to oppose my plan.
그들은 나의 계획을 반대하지 않기도 동의했다.
I hesitated to take the offer.
제의를 받아들이기를 망설였다
She was longing to see her family again.
그녀는 자신의 가족을 다시 보기를 간절히 바랐다.
We all rejoiced to hear of your success.
우리 모두는 너의 성공 소식을 듣고 기뻤다.

[VP4D] S+SEEM/APPEAR, etc+(to be)+adjective/noun

32. He seemed (to be) surprised at the news.
그는 그 소식에 놀란 듯이 보였다.
His happiness seems (to be) complete.
그의 행복은 완벽한 것처럼 보였다.
(To me) his new book doesn't appear (to be) as
interesting as his others.
내가 보기에 그의 새 책은 다른 책들처럼 재미있어 보이지 않는다.

[VP4D*] S+SEEM/APPEAR+adjective/noun+to-infinitive(phrase)
/gerund(phrase)/clause

33. It seems a pity to waste them.
그것들을 낭비하는 것은 유감스러워 보인다.
It seems (to me) wise not to ask too many questions.
많은 질문을 하지 않는 것이 현명해 보인다.
It doesn't seem much good/use going on.

계속하는 것이 효율적이지 않아 보인다.

It seems probable that I'll be sent abroad next year.

다음해에 내가 해외에 보내어질 가망성이 있어 보인다.

[VP4E] S+SEEM/APPEAR/HAPPEN/CHANCE+to-infinitive(phrase)

34. She happened to be out when I called.

   =It happened that she was out when I called.

   그녀는 내가 전화했을 때 어쩌다 밖에 있었다.

   Some members of the Committee seem to have been bribed.

   =It seems that some members of the Committee have been bribed

   위원회의 몇몇 회원들은 뇌물을 받아온 듯 했다.

   He appears to have many friends.

   =It appears that he has many friends.

   그는 많은 친구들이 있는 듯하다.

   *The baby seems to be asleep.

   아기가 잠들어 있는 듯하다.

   ≠The baby seems asleep. (not English)

[VP4F] S+BE+to-infinitive(phrase) (* "BE TO" = will or be going to, be destined to, can or be able to, must or be obliged to, intend to, agree to, wish to, impatience, strong assurance)

35. We are to meet at the station at six o'clock. (will)

   우리는 6시에 정류장에서 만날 것이다.

   Nobody is to know. (must)

누구도 알아서는 안 된다.

How am I to pay my debts? (can)

어떻게 빚을 갚을 수 있나요?

He was never to see his wife and children again.
(be destined to)

그는 또다시 아내와 아이들을 보지 못할 운명이었다.

If you are to see the movie, you should finish the
work earlier. (intend to)

만약에 네가 영화를 보려 한다면 일찍 숙제를 끝내야 한다.

We're to be married in May. (agree to)

우리는 5월에 결혼하기로 했다.

At what time am I to come? (wish to)

몇 시에 가(와)야 하나요?

Am I to stand here for ever? (impatience)

=Do you expect me to (or must I) stand here for ever?

제가 영원히 여기에 서있어야 하나요?

(*His impatience to go home was visible.)

집에 가고 싶어 좀이 쑤시는 것같이 보였다.

You're always to think of me as your friend.
(strong assurance)

=You must always think of me as your friend.

너는 항상 나를 너의 친구로 여기는 것 같다.

[VP5] S+anomalous finite[30]+infinitive(phrase)

---

30) ① Finite verb(정형동사): am, are, is ② Non-finite verb(비정형동사): to be, (to)
be, to have been, being, been ③ Anomalous finite verb(변칙정형동사): 정형동사 현
재형 am, are, is, have, has, do, does, shall, will, can, may, must, ought, need,
dare; 정형동사 과거형 was, were, had, did, should, would, could, might, used (had
better, would rather) — 부정부사 not과 함께 사용하여 축약형으로 사용되기도 하며,

36. You may leave now.

너는 지금 떠나도 좋다.

You needn't wait.

너는 기다릴 필요가 없다.

Docs he want anything?

그가 어떤 것을 원하나요?

I didn't dare tell anyone.

나는 감히 누구에게도 말하지 못했다.

You had better start at once.

너는 지금 즉시 출발하는 게 좋겠다.

[VP6A] S+vt+noun/pronoun

37. We all enjoyed the film.

우리 모두는 그 영화를 즐겼다.

The car turned the corner too fast.

그 자동차는 모퉁이를 너무 빠르게 돌았다.

We shall make an announcement tomorrow.

우리는 내일 발표할 것이다.

The news that Tom had failed his exams surprised us.

톰이 시험에 실패했다는 소식은 우리를 놀라게 했다.

[VP6B] S+vt+noun/pronoun (cognate object)

부정문가 의문문을 만들 때 주어 앞으로 나가기도 하며, 구와 절의 반복을 피하기 위해서 또는 문장을 짧게 하여 대답할 때도 사용하기도 하며, 부가의문문에도 짧게 물을 때 사용하기도 하며, 강조할 때도 사용하기도 하며, 법조동사(modal auxiliary verb 문장의 유형도 보여주고 말하는 사람의 태도와 기분, 즉 문장의 뉘앙스 nuance를 표현해주는 것들로서 can, may, must, shall, will, ought to 등을 말한다. 그리고 do, does, did, have, has, had는 문장의 종류와 시제를 만들 때 사용하는 조동사(auxiliary verb)들이다. 특히 조동사는 24개의 변칙 정형동사에 속하지만 변칙 정형동사가 언제나 조동사의 역할을 하는 것은 아니다.

38. She laughed a merry laugh. (*cognate object)

=She laughed merrily.

그녀는 즐거운 미소를 지었다.

He nodded (his) approval.

=He nodded approvingly. (or in approval)

그는 끄덕여서 찬성을 표시했다.

Have you had breakfast yet? (*The passive is possible.)

벌써 아침을 먹었나요?

She has blue eyes. (*The passive is not possible.)

그녀는 파란 눈을 가지고 있다.

Have you hurt yourself? (*reflexive verb)

상처를 받았나요?

[VP6C] S+vt[31]+gerund(phrase)

39. Have you finished talking?

이미 대화를 마쳤나요?

≠Have you finished to talk?

I couldn't help laughing.

나는 웃을 수밖에 없었다.

---

31) A. S. Hornby, *Guide to Patterns and Usage in English,* p. 41. "admit, advise, advocate, avoid, begin, begrudge, consider, contemplate, continue, defend, defer, deny, describe, discontinue, dislike, enjoy, entail, excuse, face, fancy, finish, forbid, forget, grudge, hate, (can't)help, imagine, intend, involve, justify, like, love, mean, mind, miss, necessitate, postpone, prefer, prevent, propose, recall, recollect, recommend, regret, remember, report, resist, start, suggest, try, understand,…" — 이후로 각주에 소개된 '유사한 용법의 동사들'도 본서에서 참고하였다.

Would you mind coming earlier?
좀 더 일찍 오는 게 싫은가요?

*To persuade him took some doing. (=need)
그를 설득하는 것은 몇 가지 노력이 필요하다.

*That would take a lot of doing. (=need)
그것은 많은 노력이 필요할 겁니다.

[VP6D] S+vt[32]+gerund(phrase)(to-infinitive)

40. She likes swimming.
   =She likes to swim.
   그녀는 수영하는 것을 좋아한다.

   He began talking about his family.
   그는 자신의 가족에 대해서 말하기 시작했다.
   Don't start borrowing money.
   돈을 빌리기 시작하지 마라.

   *I like swimming. (*for general statements)
   나는 수영이라는 운동이 좋다.

   *Would you like to go for a swim this afternoon?
   (*about particular occasions)
   오늘 오후에 수영하고 싶다.

   *I shouldn't like to swim in that cold lake.
   나는 그렇게 차가운 호수에서도 수영하고 싶다.

---

32) (can't) bear, commence, continue, dread, endure, hate, intend, like, love, prefer,
   regret, start,…

*I forgot to post the letter. (*future)

나는 편지를 부치는 거를 잊었다.

Don't forget to attend the meeting.

꼭 모임에 참석해 주시오.

*I forgot posting the letter. (*past)

나는 편지를 부쳤던 것을 잊었다.

I will never forget seeing her at the party.

파티에서 그녀를 만난 것을 잊지 못할 것이다.

[VP6E] S+NEED/WANT, etc+gerund(phrase)(passive meaning)

41. My shoes want mending.(=need to be repaired)

내 구두는 수선이 필요하다.

The garden needs watering. (=to be watered)

정원은 물이 뿌려질 필요가 있다.

It won't (or can't) bear thinking of.

(=to be thought about)

그런 일은 도저히 생각할 수가 없다.

[VP7A] S+vt33)+(not)+to-infinitive(phrase)

42. He pretended not to see us.

그는 우리를 보지 못한 척했다.

Do they want to go?

---

33) ache(=long), afford, arrange, attempt, (can/could) bear, begin, bother, cease, choose, claim, continue, contrive, dare, decide, decline, deserve, determine, dread, endeavor, expect, fail, forbear, forget, hate, help, hesitate, hope, intend, learn, like, long, love, manage, mean(=intend), need, omit, plan, prefer, presume(=venture), pretend, profess, promise, propose, purport, reckon, refuse, resolve, seek, start, swear(=promise, make an oath), threaten, trouble, undertake, want, wish,···

그들은 가고 싶어 하나요?

He's agreed (not) to let the family know.

그는 가족들이 아는 것에(알지 목하는 것에) 찬성했다.

I prefer (not) to start early.

나는 일찍 출발하는 것(출발하지 않는 것)을 더 좋아한다.

[VP7B] S+HAVE/OUGHT, etc+(not)+to-infinitive(phrase)

43. Do you often have to work overtime?

너는 종종 시간외로 일해야만 하니?

You'll have to go.

너는 가야 할 것이다.

You ought (not) to complain.

너는 불평하는 것이(불평하지 않는 것이) 당연하다.

[VP8] S+vt[34]+interrogative pronoun/adverb+to-infinitive
(phrase)

44. She couldn't decide what to do next.

=She couldn't decide what she should do next.

그녀는 다음에 무엇을 해야 할지 결정할 수 없었다.

I don't know who to go to for advice.

나는 충고 받으러 누구에게 가야할지 모르겠다.

Have you settled where to go for your holidays?

공휴일마다 어디로 가야할지 결정했나요?

Tell me how to make it.

그것 만드는 방법을 가르쳐 주시오.

---

34) ask, consider, debate, decide, discover, explain, forget, guess, inquire, know,
learn, observe, perceive, remember, see, settle, tee(=ascertain, decide about),
think(=form an opinion about), understand, wonder, find out,…

[VP9] S+vt[35)]+that-clause

45. She suggested that we should start early.

그녀는 우리가 일찍 출발해야 한다고 제안했다.

I don't think (that) there'll be time to visit the museum.

나는 박물관을 방문할 수 있는 시간이 있으리라 생각하지 않는다.

He doesn't believe (that) my intentions are serious.

그는 나의 의도가 진지하다는 것을 믿지 않았다.

*We may say that this is an exceptional case.

=This, we may say, is an exceptional case.

우리는 이것이 예외적인 경우라고 말할 수도 있다.

[VP10] S+vt[36)]+dependent clause(relatives)/question

46. Does anyone know how it happened?

그것이 어떻게 발생했는지 누군가가 알고 있나요?

I wonder where that music is coming from.

나는 그 음악이 어디에서 유래 되었는지 궁금하다.

She asked whether I took sugar in my tea.

그는 내가 티에 설탕을 넣는지 물어봤다.

The judge has to decide who the money belongs to.

---

35) acknowledge, add, admit, allege, allow(=concede), argue, believe, command, confess, decide, declare, demand, demonstrate, deny, desire, doubt, expect, explain, fancy(=think), fear, feel, hear, hope, imagine, intend, know, mean, mind,(=take care), move(=propose as a resolution), notice, object, perceive, prefer, promise, propose, prove, realize, recommend, regret, require, report, resolve, say, see(=perceive, understand), show, specify, state, suggest, suppose, think, understand; (vi+prep.) insist upon, agree to, complain of/about, boast of/about,···

36) ask, debate, decide, deliberate, determine, discover, discuss, doubt, imagine, know, reveal, say, show, suggest, tell(=ascertain), understand, wonder,···

판사는 그 돈이 누구의 것인지 판결해야 한다.

[VP11] S+vt+noun/pronoun+that-clause

47. He warned us that the roads were icy.
   =He warned us of the icy state of the roads.
   그는 우리에게 길이 빙판이라고 경고했다.

   I convinced him that I was innocent.
   =I convinced him of my innocence.
   나는 그에게 내가 결백하다고 확신시켜 주었다.

   She assured me that she intended to come.
   =She assured me of her intension to come.
   그녀는 나에게 자신이 오려고 했었음을 분명히 말했다.

   He satisfied me that it was true.
   그는 그것이 사실임을 나에게 납득시켰다.
   We remind him that there's a party on Saturday night.
   우리는 그에게 토요일 밤에 파티가 있음을 상기시켜 주었다.

   *I promise (her) that I would write regularly.
   나는 그녀에게 규칙적으로 글을 쓰겠다고 약속했다.
   I promise you (that) the discussion will fall into disorder.
   그 토의는 반드시 혼란에 빠질 것이오.

[VP12A] S+vt[37]+noun/pronoun(IO)+noun/pronoun(phrase)(DO)

48. *He tod us the news.
   그는 우리에게 소식을 전했다.

---

37) =S+vt+noun/pronoun(phrase)(DO)+to+noun/pronoun(IO)

(=*He told the news <u>to us</u>.)

He handed her the letter.
그는 그녀에게 편지를 건네주었다.
Have they paid you the money?
그들이 너에게 돈을 지불했나요?
Will you lend me your pen, please?
너의 펜을 나에게 빌려주시겠어요?
I will read you the letter.
내가 너에게 편지를 쓸 것이다.
He blew me a kiss.
그가 나에게 키스를 보냈다.

She can deny her son nothing.
=She can deny nothing to her son.
그녀는 아들의 요구는 뭐든지 들어준다.

I grudged you nothing.
너에겐 무엇을 주어도 아깝지 않았다.
He doesn't owe me anything.
그는 나에게 아무런 빚이 없다.
A holiday by the sea will do you a lot of good.
바닷가에서 휴가는 너에게 많은 좋은 것들을 줄 것이다.
The medicine will do you good.
그 약을 복용하시면 좋아질 겁니다.

[VP12B] S+vt[38]+noun/pronoun(IO)+noun/pronoun(phrase)(DO)

49. *I've bought you some chocolate coffee.
내가 너에게 몇 개의 초콜릿 커피를 사주었다.

____

38) =S+vt+noun/pronoun(phrase)(DO)+<u>for</u>+noun/pronoun(IO)

(=*I've bought some chocolate coffee <u>for you</u>.)

She cooked her husband a delicious meal.
그녀는 남편에게 맛있는 음식을 요리해 주었다.
Are you going to buy me some?
나에게 몇 개정도 사 주실래요?
Can you get/find me a copy of that book?
나에게 그 책의 복사본을 구해 주실 수 있나요?

The doctor has ordered me a change of air.
=The doctor has ordered a change of air for me.
의사는 나에게 전지요양을 지시했다.

Will you do me a favour?
부탁을 좀 들어 주시겠어요?
Will you please call me a taxi?
택시를 불러 주시겠어요?

We asked her to do us a translation.
=We asked her to do a translation for us.
그녀에게 번역을 해달라고 했다.

[VP12C] S+vt[39]+noun/pronoun+noun/pronoun(phrase)

50. He struck the door a heavy blow.
    =He struck the door heavily.
    그는 문을 심하게 두드렸다.

    He gave the door a hard kick.

---

39) ≠S+vt+noun/pronoun(phrase)+<u>to</u>+<u>noun/pronoun</u>

=He kicked the door hard.
그는 문을 발로 찼다.

I must give the room a good airing.
=I must air the room well.
나는 방에 통풍을 잘 시켜야 한다.

She gave him a warm smile.
=She smiled warmly at me.
그녀는 나에게 따듯한 미소를 보냈다.

Give your hair a good brushing.
=Brush you hair well.
너의 머리를 잘 빗어라.

I never gave the matter a thought.
=I never thought about the matter
나는 결코 그 문제에 대해 생각하지 않았다.

*May I ask you a favour?
=May I ask a favour of you?
질문을 해도 괜찮나요?

*Ask him his name.
≠Ask his name of him.
그에게 이름을 물어 보라.

*I envy you your fine garden.
당신의 멋진 정원이 부럽다.
*She envies Jane.
그녀는 제인을 부러워한다.

His books bring him $1,000 a year.
=His books bring in(=earn) $1,000 a year.
그의 책은 매년 마다 1,000달러의 수입을 올려준다.

She caught him one in the eye. catch
=She gave him a blow in the eye.
그녀는 그의 눈에 펀치를 날렸다.

He bears me a grudge.
=He bears a grudge against me.
그는 나에 대해 악한 감정을 가졌다.

Will you play me a game of chess.
=Will you play a game of chess with me?
나와 체스경기 하실래요?

*That will save me the trouble of doing that.
=I will be saved the trouble of doing that.
그것은 내가 그 일을 하는 수고로움을 덜어 주었다.

*He took the dog a long walk.
=He took the dog (out) for a long walk.
(the more usual pattern)
그는 개에게 산책을 시켰다.

*This heroic deed cost him his life.
=This heroic deed cost (him) his life.
이러한 영웅적인 행동은 자신의 삶을 희생시켰다.

[VP13A] S+vt[40)]+noun/pronoun(DO)+to+noun/pronoun(phrase)

51. She read the letter to all her friends.

그녀는 그 편지를 모든 친구들에게 읽어 주었다.

=She read all her friends the letter.　　(*position)

그녀는 모든 친구들에게 그 편지를 읽어주었다.

=To all her friends she read the letter. (*position)

모든 친구들에게 그녀는 그 편지를 읽어 주었다.

=She to all her friends read the letter. (*position)

그녀는, 모든 친구들에게, 그 편지를 읽어 주었다.

*The letter was read to all her friends　(*passive)

He sold his old car to one of his neighbours.

=He sold one of his neighbours his old car.

그는 오래된 자동차를 이웃에게 팔았다.

The prisoner wrote a long letter to the President.

=The prisoner wrote the President a long letter.

그 죄수는 대통령에게 긴 편지를 썼다.

[VP13B] S+vt[41]+noun/pronoun(DO)+for+noun/pronoun(phrase)

52. I've bought some chocolate for you.

=I've bought you some chocolate. (*position)

나는 몇 개의 초콜릿 커피를 그녀에게 사주었다.

---

40) allot, allow, award, bring, cause(=eg. pain to one's friends), deal(eg. playing cards), deny, do(=as in do good to somebody), fetch, gave, grant, hand, lend, offer, owe, pass, proffer, promise, read, recommend, refuse, render, restore, sell, send, show, teach, tell, throw, write,…

41) boil, bring, build, buy, call, cash, choose, cook, do, fetch, gather, get, grow, leave, make, order(=place an order for), paint, play, prepare, reach, save, spare, write,…

*We must buy a new carpet for this room.
≠We must buy this room a new carpet. (*IO=inanimate)
우리는 이 방의 용도로 카펫을 사야한다.

She has made coffee for all of us.
=She has made all of us coffee.
그녀는 우리 모두에게 커피를 만들어 주었다.
*Coffee has been made for all of us. (*passive)

Please boil enough rice for the people.
=Please boil the people enough rice.
사람들을 위해서 충분한 밥을 지어 주세요.

She boiled me an egg for breakfast.
=She boiled an egg for me for breakfast.
그녀는 아침 식사로 내게 계란을 삶아주었다.

I'll get what I can (get) for you.
내가 너를 위해서 할 수 얻을 수 있는 것을 얻어 주겠다.
Won't you play a Beethoven for me?
나를 위해 베토벤 음악을 연주해 줄 수 없나요?
Can you cash this check for me?
이 수표를 현금으로 바꿔주겠습니까.
Please ask Bill to call a taxi for Mrs Robinson.
빌에게 로빈슨 부인을 위해서 택시를 불러달라고 말씀해 주시겠어요?
Please leave some of the strawberries for your sister.
약간의 딸기를 동생을 위해 남겨주시겠어요.

[VP14] S+vt+noun/pronoun(DO)+preposition+noun/pronoun(phrase)

53. Thank you for your kind help. (*the fixed phrases)

당신의 친절한 도움에 감사합니다.

We congratulated him on his success.

우리는 그의 성공을 축하해 주었다.

They accused him of stealing the jewels.

그들은 그가 보석을 훔친 것을 비난하였다.

He spends a lot of money on records.

그는 많은 돈을 음반을 사는데 소비했다.

Don't waste your time on that nonsense.

너의 시간을 하찮은 일에 낭비하지 마시오.

What prevents you from coming earlier?

무엇이 네가 일찍 오지 못하도록 했나요?

I explained my difficulty to him.

나는 어려움을 그에게 설명했다.

She speaks English to her husband.

그녀는 남편에게 영어로 말했다.

Add these vegetables to the stew.

이 야채를 그 음식에 넣어라.

Compare the copy with the original.

그 복사본은 원본과 비교하시오.

He compared the heart to a pump.

그는 심장을 펌프와 비교했다.

She reminded me of her mother.

그녀는 나에게 자신의 어머니를 생각나게 만들었다.

He admitted his guilt to the policeman.

그는 자신의 죄를 경찰에게 시인했다.

They played a trick on their young sister.

그들은 가장 어린 여동생에게 장난을 쳤다.

I put the question to him.

나는 그에게 부탁했다.

54. S+vt+preposition+noun/pronoun+noun phrase/clause(DO)

He confessed to me that he had fallen asleep during
the meeting. (*position inversion, long direct objects)
그는 그 회의 동안에 잠들었었다고 나에게 털어놓았다.
He admitted to himself that what he really needed
was peace and quiet.
그는 자신이 정말로 원하는 것은 평화와 고요함이라고 스스로 인정했다.
He admitted (to me) that he had broken the vase.
꽃병을 깨뜨린 것이 자기라고 그는 (내게) 실토했다
He spends on books much more than he spends on clothes.
그는 옷에 소비한 것보다 책에 더 많은 소비를 한다.
I explained to him the possibility of granting his request.
나는 그의 요구를 들어 줄 수 있는 가능성에 대해서 그에게 설명해주었다.
Add to the stew all the meat and vegetables left over
from last night.
지난밤에 남겨진 모든 고기와 야채를 그 음식에 넣어라.
She expressed to her husband her conviction that
buying a new car was an unnecessary extravagance.
그녀는 새 차를 구입하는 것이 불필요한 낭비라고 생각하는 자신의 신
념을 남편에게 말했다.

55. S+vt+it+preposition+noun/pronoun+to-infinitive(phrase)/ that-clause/etc

I must leave it to your own judgement to decide
whether you should offer your resignation.
=I must leave the decision to your own judgement.
나는 네가 사직서를 제출할지 어떨지를 결정하는 것은 너의 판단에 넘긴다.

Do we owe it to society to help in the apprehension

of criminals?

=Do we owe a duty to society?

우리는 범죄인들의 체포라는 면에서 사회에 도움을 받고 있음에 빚을
지고 있지 않는가?

I put it to you that this man could not possibly have
been so cruel and heartless.

=I put the question to you.

나는 이 사람이 아마도 그렇게 잔인하고 냉혹할 수 없었다는 것을 말하는 거지요.

*I put it to you that ~: ~라는 말씀 이지요 (그렇지 않습니까)

[VP15A] S+vt+noun/pronoun(DO)+adverb(phrase)

56. Please put the milk in the refrigerator.

    우유를 냉장고 넣어 주세요.

    Ask Tom to move these chairs next door.

    톰에게 이 의자들을 다음 문가지 옮겨달라고 요구하세요.

    The secretary showed me into the manager's office.

    그 비서는 나에게 지배인 사무실로 안내했다.

    The bicycle has carried me 500 miles.

    그 자전거로 500마일을 갔다.

    They kept the child indoors.

    그들은 아이들을 실내에 있게 했다.

    The detective followed the suspected man for two hours.

    형사는 그 의심되는 남자를 2시간 동안 뒤따라갔다.

[VP15B] S+vt+noun/pronoun(DO)+adverbial particle

57. Put your shoes on. (*the fixed verb phrases)

    구두를 신어라.

    Take your coat off.

코트를 벗어라.

Lock your room up.

방문을 잠그시오.

*Did you wind the clock up?

시계태엽을 감았나요?

*Was the clock wound up? (*passive)

He gave them all away.

그는 그것들 모두를 넘겨주었다.

Please bring them in.

그들을 데려오시오.

*He cleared the rubbish away.

=Was the rubbish cleared away?

그는 쓰레기를 치웠다.

Switch the radio on/off.

라디오를 켜라(꺼라).

Don't throw that old that away.

그 오래된 것을 버리지 마시오.

*The mob broke the doors down. break

=The doors were broken down by the mob.

폭도들이 문들을 부셔버렸다.

58. S+vt+adverbial particle+noun/pronoun(DO)
= VP15B / 57번.

Put on your shoes. (*the fixed verb phrases)

신발을 신어라.

Take off your coat.

코트를 벗어라.

Lock up your room.

방문을 잠거라.

Did you wind up the clock?

시계 태엽을 돌렸니?

She gave away her old books.

그녀는 오래된 책들을 싸게 팔았다.

Please bring in those chairs.

저 의자들을 가져와라.

He cleared away the rubbish.

쓰레기 청소해라.

Switch on/off the radio.

라디오를 켜라/꺼라.

Don't throw away that hat.

모자를 버리지 마라.

The mob broke down the doors.

폭도들이 문을 부셔버렸다.

59. S+vt+adverbial particle+noun phrase(DO)

Why don't you put on those green shoes you bought a
week ago? (*the fixed verb phrases)

왜 몇 주 전에 네가 구입한 초록색 구두를 신지 않나요?

You had better take off your wet overcoat and those
muddy shoes.

너는 젖은 코트와 흙 묻은 구두를 벗는 것이 좋겠다.

Lock up all the valuables in your room before you go away.

너는 떠나기 전에 값진 물건들을 방 안에 놓고 잠그시오.

Did you wind up the clock in the dining room?

식당 안 시계태엽을 감았나요?

The mob broke down the doors guarding the main entrance.

폭도들이 중심 출입구를 막고 있는 문들을 부숴버렸다.

[VP16A] S+vt+noun/pronoun(DO)+to-infinitive(phrase)

60. He brought his brother to see me.

   (=in order to, so as to)

   그는 나를 만나기 위해서 그의 형을 데리고 왔다.

   He opened the door to let the car out.

   그는 자동차가 나갈 수 있도록 문을 열었다.

   I'm taking this magazine to read on the plane.

   나는 비행기 안에서 읽기 위해서 이 잡지를 가져왔다.

   They gave a party to celebrate their success.

   그들은 자신들의 성공을 축하하기 위해서 파티를 열었다.

   They left me to do all the dirty work.

   그들은 모든 더러운 일을 하도록 하기 위해서 나를 남겨놓고 떠났다.

   *We make our shoes to last.

   =We make our shoes so that they will last, ie. not wear out quickly.

   우리는 구두를 오래 신기위해서 구두를 (직접) 만들었다.

   Cf. We make these shoes last. (*bare infinitive)

   우리는 이 구두들이 오래 지속되도록 (노력)했다.

[VP16B] S+vt+ noun/pronoun(DO)+as/like/for+noun(phrase)/clause

61. *I took him for a doctor. (*the fixed verb phrases)

   나는 그를 의사로 오해했다.

   She mistook me for my twin sister.

   그녀는 나를 나의 쌍둥이 동생으로 착가했다.

   *I took it for the truth.

   그것이 진실이라고 생각했다.

   They've hired a fool as[42] our football coach.

그들은 나를 미식축구 감독으로 고용했다.

He carries himself like a soldier.

그는 군인처럼 행동했다.

He began his career as a teacher.

그는 자신의 경력을 교사로 시작했다.

I can't see him as a president.

그가 대통령이 된다는 따위는 상상도 할 수 없다.

I always imagined him as a soldier.

그를 항상 군인으로서 생각하고 있다.

*We regard it as uneconomical to use such expensive machinery for only eight hours a day. (*long object, to-infinitive phrase)

우리는 하루에 단지 8시간 동안 그렇게 비싼 기계를 사용한다는 것이 비경제적이라고 생각한다.

[VP17A] S+vt⁴³⁾+noun/pronoun+(not)+to-infinitive(phrase)

62. The officer ordered the men to advance.

장교는 사병들에게 계속 진구하라고 명령했다.

*The men were ordered to advance. (*passive conversions)

I warn you not to believe a word he says.

=You were warned not to believe a word he says.

나는 네가 그가 말한 것을 믿지 않기를 원한다.

---

42) accept, acknowledge, class, characterize, consider, describe, know, recognize, regard, take(=accept), treat, use,…

43) advise, allow, ask, beg, beseech, bribe, cause, challenge, command, compel, dare(=challenge), permit, direct, drive (=compel), empower, enable, encourage, entice, entitle, entreat, tempt, expect, forbid, force, help, impel, implore, incite, induce, instruct, intend, invite, tell, know, lead, mean(=intend), request, require, warn, teach, urge, persuade, predispose, press(=urge), oblige,…

The barrister urged the judge to be merciful.
=The judge was urged to be merciful.
그 변호사는 판사가 자비를 베풀어 주기를 촉구했다.

We can't allow them to do that.
=They can't be allowed to do that.
우리는 그들이 그 일을 하도록 허락할 수 없다.

Didn't I ask you not to make so much noise?
=Weren't you asked not to make so much noise?
내가 네게 그런 많은 소음을 내지 않도록 부탁하지 않았니?

I have never known her to tell lies.
=She has never been known to tell lies.
나는 그녀가 거짓말하는 것을 들어본 적이 없다.

Did you ever know her (to) wear blue jeans?
그녀가 청바지를 입은 것을 본 적이 있느냐.

[VP17B] S+vt+noun/pronoun+(not)+to-infinitive(phrase)

63. He likes his wife to dress colourfully.
   ≠His wife is liked to dress colourfully.
   (*No passive conversions)
   그는 자신의 아내가 화려하게 옷 입기를 원하다.

   He likes his wife to be colourfully dressed.
   (*passive infinitive possible)
   그는 자신의 아내가 화려하게 옷 입혀지기를 원한다.
   *He likes his wife's dressing colourfully.

*He likes his wife's being colourfully dressed.

*Will you help me (to) carry this box upstairs?
너는 내가 위층으로 상자를 옮기는데 도와 줄 건가요?

*You wouldn't want another war to break out.
=You wouldn't want there to be another war.
≠You wouldn't want another war to be.
너는 또 하나의 전쟁이 일어나는 것을 원하지 않을 것이다.

[VP18A] S+vt+noun/pronoun[44]+(bare) infinitive(phrase)

64. *I saw the man cross the road. (*bare infinitive)[45]
*The man was seen to cross the road. (*passive)
나는 그 사람이 도로를 건너간 것을 보았다.

*I saw the man crossing the road.
(*physical perception)
나는 그 사람이 도로를 건너가는 것으로 보았다.

---

44) 지각동사(perceptive verbs of sight, hearing, touch, smelling): "감각 기관을 통해 대상을 인식하는 의미를 나타내는 동사"들로서 feel, hear, notice, observe, see, watch, glimpse, perceive, smell, taste, listen to, look at, have known(=see, experience),… (주의) 감각동사: "look(seem, appear), sound, taste, smell, feel" 등은 특정 구문을 만든다. ① S+감각동사+보어 She looks beautiful. ② S+감각동사+like+명사(절) She looks like a teacher. ③ S+감각동사+as if+절(가정법) It seemed as if his life was flawless. ④ S+감각동사seem, appear+(to be)+to부정사 또는 that절 He seemed (to be) happy.

45) 같은 책, p. 64. "I saw the man cross the road." means that the man crossed the road and I saw him do this, and "I saw the man crossing the road." means that I saw the man while he was crossing the road, but does not indicate that I saw him start or finish doing so. — 5형식 문형에서 지각동사가 사용되고 목적보어로 원형부정사 및 현재분사를 사용한 경우에 차이점을 말하고 있다. 목적보어로 지각동사가 사용되었을 경우는 행위의 완료 상황리라고 한다면 현재분사는 행위의 진행 상황으로 말할 수 있다. 즉, "cross the road"는 그가 이미 다리를 건너간 모습을 목격한 것이고, "crossing th road"는 그가 다리를 건너가고 있던 중이던 모습만을 목격한 것이다.

*Did you ever know her (to) wear a jeans? (=experience)

너는 그녀가 바지를 입었던 것을 본 적이 있는가?

*I've known experts (to) make this mistake.

나는 전문가들이 이러한 실수를 한 것을 본적이 있다.

*Experts have been known to make this mistake. (passive)

Did you see anyone go out?

너는 누군가 나가는 것을 보았니?

Did you observed him leave the house?

너는 그가 집을 떠나는 것을 보았니?

We felt the house shake.

우리는 그 집이 흔들리는 것을 느꼈다.

Watch that boy jump.

그 소년이 뛰어오르는 것을 보아라.

[VP18B] S+vt+noun/pronoun[46)]+(bare) infinitive(phrase)

65. *I made him eat the rest. (*bare infinitive)

나는 그에게 나머지를 먹으라고 시켰다.

*He was made to eat the rest. (*passive)

=He was forced to eat the rest. (*conversion)

그는 나머지 것들을 먹도록 강요받았다.

---

46) **사역동사**(causative verbs): "주체가 제3의 대상으로 하여금 어떤 동작이나 행동을 (강제로) 하도록 함을 나타내는 동사," 또는 "~한 행동을 하게 한 원인을 만든 동사" 들로서, 세부적으로 분류하면 완전사역동사들로 "make, have, let, bid(=order, command, tell)"이 있고, 준 사역동사들로 "help, get"가 있고, 사역의 의미를 갖고 있는 동사들로 "compel, force, persuade, urge, cause, enable, encourage, allow, permit, forbid, advise, want" 등이 있다. 사역동사 의미로 목적보어로 부정사를 받을 경우에서 완전사역동사는 to없는 원형부정사를, 준 사역동사는 to가 있는 부정사를, 사역의 의미가 있는 그 밖의 동사들은 to가 있는 부정사를 받는다. 특히, "help" 동사는 to가 있는 또는 없는 부정사 모두 가능하다.

*Can we make the murder look like an accident?
*Can the murder be made to look like an accident?
(*passive)
우리가 그 살인을 우연한 사고처럼 보이게 할 수 있을까?

The police officer made him get out the house.
경찰 장교가 그에게 그 집을 나가라고 했다.
The police officer helped him (to) get out the house.
경찰 장교는 그가 집을 나가도록 도와주었다.
The police officer commanded him to get out the house.
경찰 장교가 그에게 그 집을 나가라고 명령했다.

I saw him hit the cat. (*physical perception)
나는 그가 고양이를 때리는 것을 목격했다.
I saw (that) he disliked the cat. (*mental perception)
나는 그가 고양이를 싫어한다는 것을 알았다.

I saw him leave the room.
나는 그가 방을 떠나는 것을 보았다.
I saw (that) he disapproved of what was happening.
나는 그가 일어난 일을 인정하지 않았음을 알았다.

*He let fall a hint of his intentions.
(*long objects/inversion)
(=He let a hint of his intentions fall.)
그는 자신의 목적에 대한 암시를 알아채도록 허락했다.

*Don't let slip any opportunity of practising your English.
(=Don't let any opportunity of practising your English slip.)
영어를 연습하는 기회를 놓치지 않도록 해라.

*The ship let go its anchor.

(=The ship let its anchor go.)

배는 닻을 내렸다.

What makes you think so?

무엇이 네기 그렇게 생각하게 했나요?

She bade me enter.

그녀는 나더러 들어오라고 했다

*I was bidden to enter. (passive)

Shall I help you carry the box upstairs?

네가 그 상자를 위층으로 옮기는 것을 도와줄까요?

[VP18C] S+HAVE[47]+noun/pronoun+(bare) infinitive(phrase)

66. What would you have me do? (=wish)

    =What do you want me do?

    (*usual and colloquial version)

    너는 내가 무엇 하기를 바라느냐?

    Please have the porter take these suitcases to my room.

    =Please have these suitcases taken.

    짐꾼에게 이 여행 가방을 내 방까지 옮기도록 해 주세요.

    We like to have our friends visit us on Sunday.

    우리는 친구들이 주일날 우리를 방문해주기를 원합니다.

[VP19A] S+vt+noun/pronoun[48]+present participle(phrase)

---

47) have = experience, wish, cause

48) 지각동사(perceptive verbs)

67. They saw the thief running away.

*The thief was seen running away. (*passive)

그들은 도둑이 도망가고 있는 것을 목격했다.

They heard voices calling for help.

=Voices were heard calling for help.

그들은 여러 목소리들이 도움을 요청하고 있는 소리를 들었다.

He saw an animal crouching among the bushes.

그는 동물이 덤불 사이에서 웅크리고 있는 것을 목격했다.

*He saw, crouching among the bushes, an animal which he
thought might be a fox. (*long objects/inversion)

Can you smell something burning?

너는 무언가 타고 있는 냄새를 맡을 수 있니?

She could feel her heart beating widely.

그녀는 자신의 심장이 대단히 뛰고 있음을 느낄 수 있었다.

Did you notice anyone standing at the gate.

너는 누군가 현관에 서있는 것을 알아차렸니?

We watched them being bundled into the police van.

우리는 그들이 경찰차에 몰아넣어지는 것을 지켜보았다.

Just look at the rain pouring down!

비가 쏟아지고 있는 것을 보아라.

We listened to the band playing in the park.

우리는 그 음악대가공원에서 연주하고 있는 소리를 들었다.

*She doesn't like animals being treated cruelly.

그녀는 동물들이 잔인하게 취급되고 있는 것을 원치 않는다.

[VP19B] S+vt+noun/pronoun[49]+present participle(phrase)

68. I found him dozing under a tree.

=I found that he was dozing under a tree.

나는 그가 나무 아래에서 졸고 있는 것을 발견했다.

We musn't keep them waiting.

우리는 그들에게 계속해서 기다리게 해서는 안 된다.

They left me waiting outside.

그들은 나를 밖에서 기다리게 해놓고 떠나버렸다.

That set me thinking.

그 일로 해서 나는 생각에 잠기게 됐다.

Don't let me catch you doing that again!

내가 네가 그것을 다시 붙잡을 수 있게 허락하지 않겠다.

Please start/get the clock going.

시계가 계속 작동하도록 해라.

The explosion sent things flying in all directions.

그 폭발은 여러 파편들이 사방으로 날아가게 했다.

The punch sent him reeling.

주먹을 얻어맞고 그는 비틀거렸다.

69. S+HAVE[50]+noun/pronoun+present participle(phrase)

I can't have you doing that.

=I can't allow you to do that.

나는 네가 그것을 하도록 하지 않겠다.

She has the water running in the bathtub.

---

49) 지각동사가 아니면서도 목적보어로 현재분사를 취하는 동사들: "bring, catch, depict, discover, draw, find, get, imagine, keep, leave, paint, save, send, set, show, start, take, see, smell, feel, notice, watch, glimpse, observe, perceive, listen to, look at, have, …"

50) can't have or won't have = can't allow or won't permit
(~+O+-ing) (~을 -하게) 해 두다; (아무에게~하도록) 하다

그녀는 욕조에 물을 틀어 놓은 채로 있다

He had us all laughing.

그는 우리 모두를 웃겼다

I won't have you banging away at your drum in my study,

=I won't allow you to bang away ~.

나는 네가 내 수업에서 드럼으로 큰 소리를 계속해서 내는 것을 허락할 수 없다.

We shall soon have the mists coming down on us.

=The mists will soon be coming down on us.

연무가 곧 우리에게 내려앉을 겁니다.

I'll have you all speaking English well within a year.

너희 모두가 1년 안에 영어를 잘 말할 수 있도록 하겠다.

She has the water running in the bathtub.

그녀는 물이 욕조에서 흘러나오도록 하다.

I have several problems troubling me.

몇 가지 문제로 골치를 앓고 있다.

[VP19C] S+vt+<u>noun/pronoun/possessive</u>+~ing form of the verb
the subject of gerund (objective or possessive case)

70. Can you imagine me(or my) <u>being</u> so stupid? (*gerund)

너는 내가 그렇게 바보짓을 했다고 상상할 수 있니?

*Can you imagine me <u>being</u> so stupid? (*present participle)

너는 내가 그렇게 바보짓을 하리라고 상상할 수 있니?

Do you remember <u>Tom(or Tom's)</u> telling us about it?

(*a single noun or a personal pronoun)

너는 톰이 우리에게 그것에 대해서 말했던 것을 기억하니?

Do you remember <u>Tom and Mary</u> telling us about it?

(*two or three words)

너는 톰과 메리가 우리에게 그것에 대해서 말했던 것을 기억하니?

I can't understand him(or his) leaving so suddenly.

나는 그가 그렇게 갑자기 떠난 것을 이해할 수 없다.

Does this justify you(or your) taking legal action?

이것은 네가 법적인 행동을 취한 것을 정당화 시킨다.

We'll fight to prevent these houses being torn down.

Business prevented him from going. (his going, him going)

일 때문에 그는 못 갔다.

*Do you mind my brothers and sisters coming with us?

내 형들과 누이들이 함께 오는 것이 괜찮은가요?

I don't mid your [you] smoking here.

여기서 담배를 피우셔도 괜찮습니다.

I don't mind starting right away.

곧 출발해도 나는 괜찮다

Do you favour boys and girls of sixteen being given
the right to vote?

너는 16살 소년 소녀들이 투표할 권리가 주어지는 것을 찬성하니?

These radicals contemplate people of all classes being
reduced to the same social level.

과격론자들은 모든 계층의 사람들이 동일한 사회 계층으로 떨어지게 되
는 것에 대해 심사숙고하고 있다.

She can't bear her husband making fun of her.

그녀는 자기 남편이 자신을 조롱하는 것을 참을 수 없다.

[VP20] S+vt+noun/pronoun+interrogative+to-infinitive(phrase)

71. They told us where to shop cheaply. (*dative verb)

=They told us where we should shop cheaply. (*conversion)

그들은 우리에게 어디에서 물건을 싸게 살 수 있는지를 물었다.

I showed them how to do it.

=I showed them how they should do it.

나는 그들에 그것을 어떻게 하는지를 보여주었다.

Ask your teacher how to pronounce the word.

너의 선생님께 그 단어를 어떻게 발음하는지 여쭤봐라.

Who taught Marry how to manage her husband so cleverly?

누가 메리에게 남편을 그렇게 영리하게 잘 다루도록 가르쳐 주었나요?

Will you advise me which of them to buy?

나에게 그것들 중에서 어느 것을 사야할지 조언을 부탁합니다.

[VP21] S+vt+noun/pronoun+dependent clause/question

72. Tell me what your name is.

    ≠Tell what your name is to me.

    =Tell me your name.

    너의 이름이 무엇인 말해 주세요.

    Ask him when the next plane leaves.

    다음 비행기가 언제 출발하는지 물어보시오.

    Can you tell me how high it is?

    그 것이 얼마나 높은지 내게 말해 줄 수 있나요?

    They asked me whether/if I had ever been there before.

    그들은 내가 전에 그곳에 간 경험이 있었는지 어떤지를 물었다.

    Show me how to do it(how it works).

    그것을 하는 방법(그것이 어떻게 움직이는지)을 알려 주십시오.

    She told me why she had come here.

    그녀는 자신이 왜 이곳에 왔는지를 말했다.

[VP22] S+vt[51]+noun/pronoun/gerund(DO)+adjective
(object complement)

73. I thought him honest.

=I thought that he was honest. (conversion)

나는 그가 정직하다고 생각했다.

We painted the ceiling green.

우리는 천장을 초록색으로 칠했다.

Could you push the door shut?

문을 밀어서 닫아주시겠어요?

She flung all the windows open.

그녀는 창문들을 거칠게 닫았다.

The cat licked the saucer clean.

고양이는 (음식) 받침접시를 깨끗하게 핥아 먹어 치웠다.

The Government set the prisoners free.

정부는 죄수들에게 자유롭게 풀어 주었다.

The workman hammered the metal flat.

그 노동자는 금속을 쳐서 평평하게 만들었다.

He boiled the eggs hard.

그는 계란을 삶아서 단단하게 익혔다.

She dyed her hair green.

그녀는 자신의 머리를 초록색으로 염색했다.

They beat the poor boy black and blue.

그들은 그 가난한 소년을 때려서 시퍼렇게 멍들게 했다.

I wished myself dead. =I wished I were dead.

---

51) bake(eg. bake it hard), beat, burn(eg. burn it black), colour(eg. colour it red),
cut, drive(eg. drive someone mad), dye, eat(eg. eat oneself sick), fill, find, get,
hammer, hold(=consider), keep, lay(eg. lay the country waste), leave, lick, like,
make, paint, render, see, set, sleep, turn, wash, wish, shout, strike, bore, sing,
hold, let,…

죽었으면 좋겠는데
We proved him wrong.
우리는 그가 잘못이라고 증명했다.
He slept himself sober.
그는 잠자서 술기운을 없앴다.
He drank himself asleep.
그는 술을 마시고 잠이 들었다

*The Governor set the prisoners <u>free</u>.
*The Governor set <u>free</u> all those prisoners whose offence were purely political. (*inversion)
정부는 죄인들의 범죄가 단순히 정치적인 것이어서 자유롭게 풀어 주었다.

*He made his views <u>clear</u>.
*He made <u>clear</u> his views on this unusual proposal.
그는 자신의 이상한 제안에 대한 견해를 명확하게 했다.

*To see animals being cruelly treated makes her furious.
*It makes her furious to see animals being cruelly treated.
동물들을 잔인하게 취급하는 것은 그녀를 화나게 했다.

*He made it clear that he objected to the proposal.
*He made his objection clear.
그는 자신이 그 제안을 반대하다는 것을 명확하게 했다.

*You have not made it clear whether financial help will be forthcoming.
너는 재정적인 도움을 받을 수 있는지 어떤지를 명확하게 하지 않았다.

*The blister on my heel made it painful to walk.
발뒤꿈치에 난 물집이 걷는데 통증을 주었다.

*Jane found it dull working at the kitchen sink all day.

제인은 하루 종일 부엌 세면대에서 일하는 것이 바보 같다는 것을 알게 되 었다.

[VP23A] S+vt+noun/pronoun(DO)+noun(phrase)(object complement)

74. They named the baby Tom, but usually call him Dick.

*The baby was named Richard but is usually called Dick. (*passive)

그들은 아기에게 톰이라는 이름을 지어 주었다, 그러나 대개 그를 딕이 라고 부른다.

The team have voted me their new captain.

그 팀은 나를 새론 감독으로 뽑았다.

Do you want to make acting your career?

너는 연출한 것을 너의 경력이 되기를 원하니?

She has dyed her hair a beautiful shade of green.

그녀는 자신의 머리를 초록색의 아름다운 색조로 염색했다.

The invaders found the place a prosperous village and left it a scene of desolation.

침입자들은 그 곳이 번창하고 있는 마을임을 알았다. 그리고 그 곳을 폐한 광경으로 해놓고 떠났다.

She's made the job a success.

그녀는 그 일을 성공으로 이루어냈다.

They made (declared, elected, appointed) Newton president of the Royal Society.

그들은 뉴턴을 영국 학술원의 의장으로 만들었다(영국 학술원의 의장으로 발표했다, 영국 학술원의 의장으로 뽑았다, 영국 학술원의 의장으로 지명했다).

He seduced the girl but later made her his wife.

그는 그 소녀를 유혹해서 자신의 아내가 되게 하였다.

[VP23B] S+vt+noun/pronoun(DO)+noun(phrase)(subject complement)[52]

75. This wool should make me a good thick sweater.

=This wool should make a good thick sweater for me.

이 양털은 나한테 훌륭하면서 두꺼운 스웨터가 되었다.

Marry has made Dick an excellent wife.

=Marry has been an excellent wife for Dick.

메리는 딕을 위해 훌륭한 아내가 되었다.

[VP24A] S+vt[53]+noun/pronoun(DO)+past participle(phrase)

76. Have you ever seen the mountains covered in snow?

이제까지 저 산에 눈으로 덥혀있던 것을 본적이 있나요?

I have never seen a tiger caught.

나는 호랑이가 잡히는 것을 본 적이 없다.

You must make yourself respected.

너는 자신이 존경받도록 해야 한다.

*You should make your views known.

너의 견해를 남들이 알게 해야 한다.

We found them stranded at the airport.

우리는 그들이 공항에서 꼼짝 못하게 되었음을 알았다.

*We found the room deserted.

---

52) (참고) 이 문형은 일반적으로 4형식 문형으로 취급하지만 여기에서는 직접 목적어를 주격보어로 취급해서 5형식 문형으로 다루고 있다.

Marry has made Dick an excellent wife.
=Marry has been an excellent wife for Dick.

메리는 딕에게 훌륭한 아내가 될 사람을 소개했다. (4형식문형)
메리는 딕한테 훌륭한 아내가 되었다. (5형식문형)

53) hear, see, make, find, want, have, get, feel, prefer, wish, like,…

우리는 그 방이 버려져 있는 것을 알았다.

We want the work finished by Saturday.

우리는 그 일이 토요일까지 마쳐지기를 원하다.

I'll see you damned first.

나는 네가 맨 처음으로 비난받게 되는 것을 보게 될 거다.

I'll see the work done in time.

일이 기한 내 끝나도록 신경을 쓰겠다.

*I have never heard Spanish spoken.

나는 스페인어가 말해지는 것을 들은 적이 없다.

*Have you ever heard a pop song sung in Korean?

유행가가 한국어로 불리는 것을 들어본 적이 있니?

*I heard <u>my name called by her</u>.

나는 내 이름이 그녀에게 의해서 불려지는 소리를 들었다.

*I heard <u>her call my name</u>.

나는 그녀가 내 이름을 부르는 소리를 들었다.

*I saw <u>the room cleaned by her</u>.

나는 그 방이 그녀에 의해서 청소되고 있음을 보았다.

*I saw <u>her clean the room</u>.

나는 그녀가 방을 청소하는 것을 보았다.

*I saw <u>him beaten by a man</u>.

나는 그가 어떤 사람에게 맞는 것을 보았다.

*I saw <u>a man beat him</u>.

나는 어떤 사람이 그를 때리는 것을 보았다.

[VP24B] S+<u>HAVE</u>+noun/pronoun(DO)+past participle(phrase)

      what the subject experiences, undergoes, and suffers

      what is held or possessed

77. She's had <u>her handbag stolen</u>.

(=her handbag was stolen) (*experience)

그녀는 핸드백을 도난당했다.

She's having her eyes tasted. have

(=her eyes are tasted) (*undergo)

그녀는 두 눈으로 맛을 느끼도록 했다.

We have your medicine prepared now.

(=your medicine is prepared now) (*possess)

우리는 지금 너의 약이 준비되도록 하겠다.

I have no money left.

(=there's no money left) (*possess)

나는 아무런 돈도 남겨놓지 않았다.

*I had my hat blown off.

바람에 모자를 날려 버렸다.

[VP24C] S+HAVE/GET[54)]+noun/pronoun(DO)+past participle(phrase)

78. I must have/get my hair cut. (=my hair is cut)

나는 머리를 깎아야겠다.

When did you last have/get your hair cut?

지난번 머리를 깎은 것이 언제입니까

---

54) have (or get)=(~+O+past participle): ①(~을 -하게) 하다, (~을 -)시키다 I had a new suit made last month. 지난달 새 양복을 맞췄다. When did you last have your hair cut? 지난번 머리를 깎은 것이 언제입니까. I had a letter written for me. 편지 한 통을 대필해 받았다. ②(~을 -)당하다 He had his wallet stolen. 그는 돈지갑을 소매치기 당했다. I had my hat blown off. 바람에 모자를 날려 버렸다. ③(~을 -) 해버리다(완료를 나타내며, 구어에서 많이 사용) She had little money left in her purse. 그녀의 지갑에는 돈이 조금밖엔 남아 있지 않았다. Have your work done by noon. 정오까지는 일을 다 끝내 주시오.

Let's have/get our photographs taken.
사진을 찍자.
Can you have/get my photograph taken?
사진을 찍어 주시겠어요?

I had my watch mended.
시계를 수선 받았다.
I'll just have/get myself tidied up.
나는 묶이도록 해야겠다.
Can you have/get the project changed?
그 계획을 변경할 수 있나요?
Why don't we have/get the building painted?
그 건물을 칠해달라고 하자.
You'll have to get that tooth filled.
충치 치료를 받아야 할 것입니다.(충치를 치료받다)
Where can I get it repaired?
어디서 수리할 수 있을까.
I had a new suit made last month.
지난달 새 양복을 맞췄다
I had a letter written for me.
편지 한 통을 대필해 받았다.

*My friend made <u>the work finished by her</u>.
친구는 그 일이 그녀에 의해서 끝내지도록 했다.
My friend made <u>her finish the work</u>.
친구는 자신이 그 일을 끝냈다.

*I had <u>the car checked by the mechanic</u>.
나는 자동차가 기계에 의해서 점검되도록 했다.
I had <u>the mechanic check the car</u>.
나는 그 기계가 자동차를 점검하도록 했다.

*I got <u>the apple eaten by her</u>.

나는 그 사과가 그녀에 의해서 먹혀지도록 했다.

I got <u>her to eat the apple</u>.

나는 그녀에게 그 사과를 먹으라고 했다.

[VP25] S+vt[55]+noun/pronoun(DO)+(to be)+adjective/noun

79. Most people considered him (to be) innocent.

=Most people considered (that) he was innocent.

대부분의 사람들은 그가 순진하다고 생각했다.

All the neighbours supposed her to be a widow.

=All the neighbours supposed (that) she was a widow.

모든 이웃들은 그녀가 과부라고 추측했다.

They all felt the plan to be unwise.

=The plan was felt to be unwise. (passive)

그들 모두는 그 계획이 어리석다고 느꼈다.

They presume him to be drunk.

=He is presumed to have been drunk.

=It is presumed that he was drunk.

사람들은 그가 취했다고 생각했다.

In Britain we presume a man (to be) innocent until

he is proved guilty.

---

55) verbs of an opinion, judgement, belief, supposition, declaration or mental perception: "consider, think, believe, report, guess, declare, suppose, know, find, presume, acknowledge, count, deny, esteem, imagine, judge, prove, suspect, take, fee(=think), understand,…"

=In Britain a man is presumed (to be) innocent until he is proved guilty.

영국에서 우리는 자신이 유죄를 판명될 때까지는 무죄라고 추정한다.

80. S+vt[56]+it+adjective/noun+clause/phrase/etc

Don't you consider it wrong to cheat in examinations?
=Don't you consider to cheat in examinations wrong?

너는 시험치를 때 부정한 짓을 하는 것이 잘못이라고 생각하지 않나요?

People no longer consider it very foolish of you to climb the mountain without a guide.

사람들은 네가 안내인도 없이 산을 오르는 것이 매우 어리석은 일이라고 더 이상 생각하지 않는다.

I think it a scandal that there's so much racial prejudice still about.

나는 여전히 주변에 인종적인 편견이 상당히 많이 있다는 것은 수치라 고 생각한다.

　　이상과 같이 영어 문장의 다양한 유형들을 확인해보았다. 학습자들의 목표가 영작(writing)이든지 영어독해(reading)이든지 영어회화(speech)이든지 간에 기본적으로 문장(a sentence)을 이해하지 못한다면 아무런 시도를 할 수가 없다. 물론, 문장이 무엇인지? 어떻게 만들어지는지? 어떠한 재료들이 사용되는지? 어떠한 어순배열이 있는지? 등을 알려면 기본적으로 문법(grammar)을 이해해야만 가능한 것들임을 서두에서 말한 바 있다. 이러한 기본적인 문법정리가 어느 정도 되어있음을 전제로 본서에서는 글쓴이들이 영어로 글을 쓸 때 어떠한 문법적인 과정을 통해서 쓰는지를 이해하는 길이 곧바로 그들이 쓴 글을 읽을

---

56) think, conceive, consider, make, find, take, guess, believe, deem, count, know, hold,…

수도 있다는 생각을 하고 있다.

결론적으로, 글쓴이들은 80가지 유형(80 sentence patterns)들로 글을 써놓은 것을 읽으면 영어독해가 되는 것이고, 80가지 유형들로 글을 쓰면 영작이 되는 것이고, 80가지 유형들을 모두 활용하지는 않겠지만 자주 사용되는 유형들 중심으로 말을 하면 영어회화가 된다. 만약 학습자가 글을 읽다가 문형에 대한 분석이 안 되면 (영작하는데도 어려움을 겪을 뿐만 아니라) 우리말로 해석을 하는데도 어려움을 겪을 수 있다. 즉 학습자에게 어떤 문형이 익숙하지 않고 낯설고 처음 보는 문형들인 경우에는 이전에 한 번도 다루어 본 경험이 없기 때문에 그 문형을 어떻게 처리해야할지 어려움을 겪을 수 있다는 것이다. 그런데 어떤 문형이 자신이 이미 이론적으로도 이해하고 있고 또한 이미 여러 번 글을 통해서 경험했던 유형들이라면 이제껏 해왔던 방법대로 (영작을 하거나) 우리말로 해석을 하는데 바로 적용되어 어려움이 없게 될 것이다. 그러므로 문형을 정복하기 위한 가장 좋은 방법으로서, 기본적인 문장의 유형은 '5가지 유형'으로 이론적인 체계를 세운 후에, 반드시 '25가지 또는 80가지의 유형'들을 이론적으로 확인할 뿐만 아니라 많은 영어독해 연습을 통해서 실제로 사용되고 있음을 경험해보고, 또는 실제로 그러한 유형들을 통해서 영작을 해보고 그것들을 자신의 익숙한 표현들로 만드는 것이 중요하다.

6장. 문장 확장 Expanding the Patterns

문장의 유형(pattern)은 영문법 학자에 따라서 "5가지의 유형으로, 7가지의 유형으로, 25가지의 유형으로, 80가지의 유형" 등으로 일정하게 한정(limitation)시킬 수는 있지만, 그 한정된 유형들이 더욱 복잡하게 확장(expansion)되는 경우가 많다. 즉 학자들이 분류하는 기본적인 문장의 유형(sentence patterns)57)들에 글쓴이들은 수식어(modifiers)로 사용되는 「부사(부사구, 부사절)와 형용사(제한적 용법)」 등을 하나 또는 그 이상이 추가시킴으로서 문장을 확장시킨다. 만약에 문장 안에 명사(명사구, 명사절)를 추가하고 싶을 때는 전치사를 사용하고, 동사를 추가하고 싶을 때는 부정사 또는 분사를 사용하거나 또는 전치사를 동반한 동명사를 사용하고, 문장(절)을 추가 싶을 때는 접속사를 사용한다.

· 완전한 문장 / + 전치사+명사(구, 절)
· 완전한 문장 / + 전치사+동사ing(동명사)
· 완전한 문장 / + 동사ed(과거분사)
· 완전한 문장 / + 동사ing(현재분사)
· 완전한 문장 / + to+동사(부정사)
· 완전한 문장 / + 접속사+문장

I **worked hard** in the school. (전치사+명사)

나는 열심히 공부했다 / 학교에서

I **worked hard** to achieve success. (to부정사)

나는 열심히 공부했다 / 성공하기 위해서

I **worked hard** so that I might achieve success. (접속사+절)

---

57) Paul Roberts, *Understanding English*, p. 185. Paul Roberts 교수는 문장의 기본 유형을 "skeleton patterns"(문형의 뼈대)라고 부르면서 7가지 문형으로 나누고 있다.

나는 열심히 공부했다 / 내가 성공하기 위해서
I **worked hard** listening to music. (현재분사)
나는 열심히 공부했다 / 음악을 들으면서
I **worked hard** for achieving success. (전치사+동명사)
나는 열심히 공부했다 / 성공을 이루기 위해서
I **worked hard** and at last I achieved success. (접속사+절)
나는 열심히 공부했다 / 마침내 나는 성공을 이루었다

I **was fearful**.
나는 무서웠다.
I **was fearful** of snakes. (전치사+명사)
나는 무서웠다 / 뱀들이
I **was fearful** of making a mistake. (전치사+동명사)
나는 무서웠다 / 실수를 하고 있다는 것이
I **was fearful** to make a mistake. (to 부정사)
나는 무서웠다 / 실수를 한다는 것이
I **was fearful** that I made a mistake. (접속사+절)
나는 무서웠다 / 내가 실수를 했다는 것이
I **was fearful** because I made a mistake. (접속사+절)
나는 무서웠다 / 내가 실수를 했기 때문에

I **know the man**.
나는 그 사람을 알고 있다.
I **know the man** in the class room. (전치사+명사)
나는 그 사람을 알고 있다 / 교실 안에서
I **know the man** who is playing piano well. (접속사+절)
나는 그 사람을 알고 있다 / 피아노를 잘 연주하고 있는
I **know the man** playing the piano. (현재분사)
나는 그 사람을 알고 있다 / 피아노를 잘 연주하고 있는
I **know the man** to play the piano. (to 부정사)
나는 그 사람을 알고 있다 / 피아노를 연주하는

I know the man invited to the piano concert. (과거분사)
나는 그 사람을 알고 있다 / 피아노 연주회에 초대받은

I want to study English.
나는 영어를 공부하고 싶다.
I want to study English in school.
나는 영어를 공부하고 싶다 / 학교에서.
I want to study English to get a job in America.
나는 영어를 공부하고 싶다 / 미국에서 직업을 구하기 위해서
I want to study English so that I can get a job in America.
나는 영어를 공부하고 싶다 / 내가 미국에서 직업을 구하기 위해서
I want to study English that will help to stay in America.
나는 영어를 공부하고 싶다 / 미국에 체류할 수 있도록 도움이 될

The man helped me to find it.
그 사람이 내가 그것을 찾도록 도와줬다.
The man in America helped me to find it.
미국에 있는 / 사람이 내가 그것을 찾도록 도와줬다.
The man of ability helped me to find it.
능력이 있는 그 사람이 내가 그것을 찾도록 도와줬다.
The man whom you knew too helped me to find it.
너 또한 알고 있는 그 사람이 내가 그것을 찾도록 도와줬다.
The man for you to know too helped me to find it
너 또한 알고 있는 그 사람이 내가 그것을 찾도록 도와줬다.
The man teaching English in school helped me to find it
학교에서 영어를 가르치고 있는 그 사람이 내가 그것을 찾도록 도와줬다.
The man known to everybody helped me to find it
많은 사람들에게 알려진 그 사람이 내가 그것을 찾도록 도와줬다.

　　문장의 확장 요소들 중에서, 먼저 연결사(connectives)라고
불려지는 전치사와 접속사에 대해서 설명한다. 연결사란 어떤

대상을 다른 대상과 서로 이어서 관계를 맺게 해주기 위해서 '묶어주는 기능'을 하는 것이기 때문에, 그것은 결코 혼자서는 사용될 수 없고 항상 세 개 이상의 '묶음(덩어리) 형태 group of words'로 존재한다.

전치사(preposition)[58]는 반드시 뒤에 명사(구, 절)를 데리고 문장 안에 들어가서 문장 안의 다른 대상과 서로 이어서 관계를 맺게 하는 역할을 한다. 그렇게 문장 안에 사용된 전치사를 처리하는 방법은 두 가지가 있다.

첫 번째 방법은 전치사를 중심으로 앞에 있는 대상들과는 아무런 관계가 없고 오직 뒤에 있는 명사와 묶어서 처리하는 방법인데, 이 때 「전치사＋명사」로 묶여서 문장 안에 있는 요소들이 전달하고자하는 의미를 보충해주는 수식어로서 부사구 또는 형용사구 역할을 하는 것이다.

---

58) **전치사의 전환**: 전치사들로 사용되는 단어들 중에 다른 품사인 '부사, 형용사, 접속사, 명사'등으로 전환되는 경우도 있다.

He went **on**. (부사) 그는 계속 갔다.
He went **on** his way home. (전치사) 그는 집으로 가는 중이었다.
He looked **around**. (부사) 그는 주변을 둘러보았다.
He looked **around** him. (전치사) 그는 내 주위를 둘러보았다.
He fell **off**. (부사) 그는 물러났다.
He fell **off** the table. (전치사) 그는 탁자에서 떨어졌다.
He walks **up**. (부사) 그는 위로 걸어갔다.
He walks **up** the stair. (전치사) 그는 계단 위로 걸어 올라갔다.

He placed a pencil **above** the book. (전치사) 그는 연필을 책 위에 놓았다.
The **above** quotation is important. (형용사) 상기한 인용은 중요하다.
He was **inside** the house. (전치사) 그는 집안에 있다.
That is an **inside** information. (형용사) 그것은 내부 정보이다.
The **above** justifies this. (명사) 이상은 이를 입증한다.

He went **before**. (부사) 그는 앞서서 갔다.
He stood **before** the door. (전치사) 그는 문 앞에 서있었다.
He got up **before** the sun rose. (접속사) 그는 해뜨기 전에 일어났다.

There were many boys **including** him. (전치사) 그를 포함한 많은 소년들이 있었다.
Give me data **including** your resume. (분사) 너의 이력서를 포함한 자료를 주세요.

S+<u>V</u>+N(A, AD)+(<u>prep.+N</u>) = adverb phrase & idiom
(S+V+)<u>N</u>+(<u>prep.+N</u>) = adjective phrase & idiom

I swear on the bible. (on the bible)
나는 맹세 한다 / 성경위에 손을 올려놓고서
I swear before God. (before God)
나는 맹세 한다 / 하나님 앞에서

I met a friend in the park. (in the park)
나는 친구를 만났다 / 공원에서
I met a friend on the street. (on the street)
나는 친구를 만났다 / 거리에서

I worked for three hours. (for three hours)
나는 일했다 / 3시간 동안
I worked at a factory. (at a factory)
나는 일했다 / 공장에서

He is a man of Oregon. (of Oregon)
그는 사람이다 / 오리곤 출신의
People like the wine of France. (of France)
사람들은 포도주를 좋아 한다 / 프랑스에서 만든
She is the daughter of my friend. (of my friend)
그녀는 딸이다 / 내 친구의

We know the girl with blue eyes. (with blue eyes)
우리는 그 소녀를 알고 있다 / 파란 눈을 가진
I envied the friend with sisters. (with sisters)
나는 그 친구가 부럽다 / 누이들이 있는

*He is a man of courage. (of courage=courageous)
그는 용감한 사람이다.

*That is a matter of importance.
(of importance=important)
그것은 중요한 문제이다.

두 번째 방법은 전치사를 중심으로 뒤에 명사를 받지만 그것과는 아무런 관계가 없고 오직 앞에 있는 동사 또는 명사 또는 형용사와 묶어서 처리하는 방법인데, 이 때 「동사＋전치사」로 묶이면 숙어(idiom)[59]로서 타동사구 역할을 하는 전치사가 되고, 「명사＋전치사」로 묶여서 앞에 명사에 따라서 반드시 뒤따르는 전치사로 묶으면 숙어로 사용되는 형용사구로서 전치사이고, 「형용사＋전치사」로 묶여서 앞에 사용된 형용사에 따라서 반드시 뒤따르는 전치사로서 묶으면 숙어로 사용 되는 부사구로서 전치사가 된다.

S+**V**+(N)+**prep.**+N = verb phrase & idiom
S+**be(vi)+adjective**+**prep.**+N = verb phrase & idiom

(S+V+)**N**+**prep.**+N = adjective phrase & idiom

〈자동사vi＋전치사, 명사＋전치사〉

*His success here depends upon efforts and ability.

---

59) Paul Procer and others (Edt.), *Longman Dictionary of Contemporary English*(Bath: The Pitman Press, 1978), p. 556, "a phrase which means something different from the meanings of the separate words(개별 단어들의 뜻과는 전혀 다른 뜻을 가진 고정된 단어들의 묶음)" or "the way of expression typical of a person or a people in their use of language" ― (참고)두 개 이상의 낱말이 모여서 하나의 뜻을 이루는 말. 또는 관용적으로 특유한 뜻을 나타내는 성구(成句). 또는 두 개 이상의 단어로 이루어져 있으면서 그 단어들의 의미만으로는 전체의 의미를 알 수 없는, 특수한 의미를 나타내는 어구(語句).

(depend on)
그가 여기에서 성공하느냐 못 하느냐는 노력과 능력 여하에 달려 있다.
*We live in dependence on another. (dependence on)
우리는 타인과 의존하면서 산다.

He differs from her in opinion. (differ from)
그는 의견에 있어서 그녀와 다르다.
Thanks to my old classmates, I feel little difference from last year. (difference from)
나의 예전 반 친구들 덕분에, 작년과 다른 점을 많이 느끼지 못한다.

We prepared for the table. (prepare for)
우리는 식사를 준비했다.
We made preparation for the table. (preparation for)
우리는 식사를 위하 준비를 했다.

In order to have a successful career, it is essential to graduate from college. (graduate from)
성공적인 경력(삶)을 위해서 대학을 졸업하는 것은 필수적이다.
Certificates of graduation from these schools are not officially recognized. (graduation from)
학교로부터 받는 졸업장이 공식적으로 확인되지 않고 있다.

〈타동사vt+목적어+전치사, 명사+전치사〉

*We related the result to a cause. (relate~to)
우리는 그 결과를 하나의 원인과 결부시켰다.
*This book has relation to my friend. (relation to)
이 책은 나의 친구와 관계가 있다.

She attributed her success to good luck. (attribute~to)
그녀는 자신의 성공을 행운으로 돌렸다.

The attribution of this play to Shakespeare has never been questioned. (attribution to)
셰익스피어의 이 연극의 공헌은 결코 의심에 여지가 없다.

⟨be+형용사+전치사, 명사+전치사⟩

*Are you are sure of a hearty welcome at his party?
(be sure of)
그의 파티에서 너는 마음에서 우러나는 환영을 받았다고 확신하니?
*We never lose our sureness of purpose in future.
(sureness of)
우리는 결코 미래에 대한 목표의 확신을 잃어버려서는 안 된다.

They were was so satisfied with the result.
(be satisfied with)
그들은 그 결과에 대단히 만족스러워 했다.
Chief negotiators expressed satisfaction with the narrowing gap in several areas. (satisfaction with)
주요 협상자들이 여러 지역에서 좁혀져가고 있는 격차에 대해 만족감을 표현했다.

I am disappointed in you. (be disappointed in)
나는 너에게 실망했다.
It also was due to disappointments in love. (disappointment to)
그것은 사랑에 대한 실망감에 기인한다.
Disappointment in love has driven him to distraction.
(disappointment to)
사랑에 대한 실망감은 그를 미치게 했다.

The pilot of the plane is responsible for the passengers' safety. (be responsible for)
비행기 조종사는 승객들의 안전에 책임이 있다.

I will take the responsibility for doing it. (responsibility for)
나는 그것을 해야 할 의무가 있다.

접속사(conjunction)에는 두 가지의 종류가 있는데 종속접
속사(subordinating)와 대등접속사(coordinating)이다. 이들은
"문장과 문장을 또는 한 문장의 구성 요소들을 서로(또는 함
께) 결합시키는 기능"60)을 한다.

대등접속사는 문장(절)과 문장(절)을 서로 결합시키는 기능
뿐만 아니라 또한 한 문장의 구성 요소들인 단어와 단어 또는
구와 구를 서로 결합시키는 기능을 가지고 있다. 대등접속사
는 그 기능에 따라서 두 가지의 종류로 나눌 수 있는데, 하나
는 문장(절)과 문장(절)을 서로 결합시키는 기능만이 가능한
'yet, for, while, so, nor, therefore, nevertheless, still,
however' 등이 있고, 다른 하나는 문장(절)과 문장(절)을 서
로 결합시키는 기능뿐만 아니라 또한 한 문장의 구성 요소들
인 단어와 단어 또는 구와 구를 서로 결합시키는 기능을 가진
'and, but, or'가 있다. 특히 'and, but, or'는 서로 결합시키는
대상들이 모양(forms)에 있어서나 또는 품사(parts of
speech)에 있어서나 동일하게 결합61)시켜야 한다는 것이다.

---

60) George O. Cume, *English Grammar*, p. 29. "A conjunction is a word that joins
together sentences or parts of a sentence."

61) Sidney Greenbaum and Gerald Nelson, *An Introduction To English Grammar*, p.
175. "Parallel structures provide a pleasing balance between the parallel units, and
they emphasize meaning relationships between the units such as equivalence and
contrast. However, the coordinated units must be similar in type."(병렬구조는 병
렬단위들 간의 보기에 좋은 균형을 제공하고, 그리고 각각의 단위들 간의 의미관계가
유사관계인지 대조관계인지를 강조하기도 한다. 하지만 등위 또는 대등 단위들은 유형
에 있어서 반드시 같아야 한다.)

His collages derive from **art** and **popular culture**. (noun and noun)
They will neither **help** nor **hinder** him. (verb nor verb)
I prefer **the novels of Hemingway** to those of **Faulkner**.
(noun phrase to noun phrase)

$\underline{S+V+N(a, ad,\cdots)}+$**대등접속사**$+\underline{S+V+N(a, ad,\cdots)}$ = 중문[62]

$\underline{Word(or\ phrase)}+$**대등접속사**$+\underline{Word(or\ phrase)}$ = 구 phrase

(1)단어와 단어의 결합

<u>Edgar</u> and <u>Stanley</u> are good friends. (명사와 명사)
에드가와 스텐리는 좋은 친구이다.
He cannot speak <u>English</u> nor <u>German</u>. (명사와 명사)
그는 영어와 독일어로 말하는 거를 못한다.
<u>He</u> nor <u>I</u> plan to attend any party this year. (명사와 명사)
그와 나, 아무도 올해 어떤 파티에도 참석할 계획이 없다.
I want <u>love</u>, <u>peace</u>, <u>freedom</u> ,and <u>happiness</u>. (명사와 명사)
나는 사랑과 평화와 자유와 행복을 원한다.
He gave me not only <u>money</u> but(also) <u>advice</u>. (명사와 명사)
그는 내게 돈뿐만 아니라 충고도 주었다.

The world is filled with two sorts of people: <u>those who</u>
<u>do things</u> and <u>those who are quick to offer excuses for</u>
<u>why they didn't get anything done</u>. (명사구와 명사구)
세상은 두 가지 종류의 사람들로 채워져 있다. 열심히 일을 하는 사람들과
일하지 못하는 된 것에 대한 변명하기에 바쁜 사람들이다.

He <u>studied</u> very hard and <u>passed</u> the exam. (동사와 동사)
그는 열심히 공부해서 시험에 통과했다.
I <u>went</u> to the library and <u>borrowed</u> books. (동사와 동사)
나는 도서관에 가서 몇 권의 책들을 빌렸다.

I prefer **Hemingway** to **Faulkner**. (noun to noun)

62) 모든 문장을 구조(structure)상으로 분류하면 '단문, 중문, 복문, 혼합문'으로 나눌 수
있다. 특히 중문(compound sentence)은 두 개 이상의 단문(simple sentence)이 대등
하게 이어진 문장을 말한다.

The pig <u>got up</u> and slowly <u>walked out</u> the fence. (동사와 동사)
돼지는 잠에서 깨어나 천천히 울타리 밖으로 넘어갔다.

The room was <u>nice</u> and <u>cool</u>. (형용사와 형용사)
그 방은 멋지고 훌륭했다.
Ann is <u>smart</u> but <u>unreliable</u>. (형용사와 형용사)
앤은 똑똑하지만 신뢰할 수 없는 사람이다.
The poor education made him neither <u>smart</u> nor <u>healthy</u>. (형용사와 형용사)
그 형편없는 교육이 그를 똑똑하게도 (정신이)건전하게도 못 만들었다.

(2) 구와 구의 결합

Are you coming <u>in the morning</u> or <u>at night</u>?
너는 아침에 올 거니 밤에 올 거니?
Pets are either <u>in the closet</u> or <u>behind the table</u>.
애완견들은 서랍장이나 도는 탁자 뒤에 있을 거다.
Soldiers went <u>across the river</u> and <u>into the trees</u>.
군인들은 강을 건너서 갔거나 숲속으로 들어갔다.
They had finished killing all the enemies <u>in the fields</u> and <u>in the desert</u>.
그들은 적군들을 들판에서 그리고 사막에서 죽이는 것을 끝냈다.

(3) 절과 절의 결합

<u>The bus was late</u>, but <u>I arrived on time</u>.
버스는 늦었지만 나는 정시에 도착했다.
<u>I like tea</u>, and <u>my wife likes coffee</u>.
나는 차를 좋아하고 아내는 커피를 좋아한다.
<u>He is very kind</u>, and <u>I like him very much</u>.
그는 매우 친절해서, 나는 그를 매우 좋아한다.

<u>The sun is warm</u>, yet <u>the air is cool</u>.
태양은 따뜻하다, 그러나 공기는 차다.

It is good, yet it could be improved.

그것은 좋았다, 그러나 그것은 개선의 여지가 있다.

Let me stay at home, for I am tired.

내가 집에 머물게 해주세요, 왜냐면 나는 지쳤어요.

He went to the party alone, for I refused to go with him.

그는 파티에 혼자서 갔다, 왜냐면 내가 그와 같이 가기를 거절했기 때문이다.

 The hens are hungry, (and) so I must feed them now.

암탉들이 화가 났다, 그래서 나는 지금 그들에게 먹이를 줘야한다.

She had a fever, so she went to the hospital.

그녀는 열이 있었다, 그래서 그는 병원에 갔다.

He didn't want to go; however, he went.

그는 가고 싶지 않았다, 하지만 그는 갔다.

I am sleepy, (but) still I will work.

나는 졸리다, 그러나 여전히 일하고 있다.

I've read fifty pages, while he's read only thirty.

나는 50쪽을 읽었다, 반면에 그는 단지 30쪽을 읽었다.

There was no news; nevertheless, she went on hoping.

아무 소식도 없었지만 그녀는 여전히 희망을 갖고 있었다.

(4) 기타 (동일요소의 결합)

In many American restaurants there are two forks, two spoons, and two knives. (명사와 명사)

대부분의 미국 음식점들에는 두 개의 스푼과 두 개의 나이프를 놓는다.

I think that the unbroken monotony of his goodness and truthfulness and obedience would have been a burden to her but for the variety. (명사와 명사)

나는 그의 선하심과 진실성과 순종에 대한 끊임없는 다양성 없는 단조로움이 그녀에게 부담이었을 것이라고 생각한다.

<u>Playing chess</u> and <u>chatting online</u> are my hobbies. (동명사와 동명사)
체스를 두고 온라인채팅을 하는 것은 나의 취미이다.

I tried to show them what happened by <u>taking</u> a coin and <u>rubbing</u> it against my arm. (by 동명사와 by 동명사)
나는 그들에게 동전으로 팔에 문지름으로서 어떤 일이 일어날 것이라는 것을 보여주려 했다.

She let it be known that there was one way in which the nation could show its gratitude, by <u>founding a new hospital</u>, and <u>providing a fund for carrying on her work</u>.
(by 동명사와 by 동명사)
그녀는 새로운 병원을 설립하고 자신의 일을 수행하기 위한 기금을 제공함으로써 국가가 감사를 표시할 수 있는 한 가지 방법이 있음을 알게 되었다.

I am not speaking now <u>of forgetting unhappy memories</u>, but rather <u>of forgetting what is unrelated to the purpose of the moment</u>. (of 동명사와 of 동명사)
지금 나는 불행한 기억을 잊어버리는 것에 대해서 말하는 것이 아니라, 현재의 목표와 무관한 것들이 무엇인지를 잊어버린 다는 것을 말하는 것이다.

Fancy anyone who wishes to learn how to play the piano <u>turning to books on the techniques of piano playing</u> and <u>doing very little in the way of actual practice</u>! (현재분사와 현재분사)
피아노 연주법을 배우고 싶은 사람이 피아노 연주 기법에 관한 책에 의존하고 실제로 연습을 하지 않는다고 상상해보라.

<u>To go</u> or <u>not to go</u> depend on you. (부정사와 부정사)

가고 안 가고는 너에게 달려있다.

The power of rightly chosen words is very great, whether those words are inclined <u>to inform</u>, <u>to entertain</u>, or <u>to move others</u>. (부정사와 부정사)
적절하게 선택된 단어들의 힘은 매우 크다. 그러한 단어들이 정보를 제공하든지 즐거움을 주던지 또는 다른 것들을 움직이든지 간에 말이다.

Even in infancy, they are trained <u>to respect the rights of others</u>, <u>not to make too much noise</u>, and <u>not be selfish</u>. (부정사와 부정사)
심지어 유아기 때에 조차 그들은 이기적이지 않도록 그리고 (공공장소에서) 떠들지 않도록 그리고 다른 사람들의 권리를 존중하도록 훈련받는다.

The best advice that one person can give another about reading is <u>to take no advice from anyone</u>, <u>to follow your own instincts</u> and <u>read the books that interest you</u>. (부정사와 부정사)
다른 사람에게 독서에 대한 가장 좋은 충고는 누구한테든 충고를 구하지 말며, 너 자신의 본능을 따르며, 너에게 흥미를 주는 책을 읽으라는 것이다.

The end of study is not <u>to possess knowledge as a man possesses the coins in his purse</u>, but <u>to make knowledge a part of ourselves</u>, that is, <u>to turn knowledge into thought</u>, as the food we eat is turned into the life-giving blood. (부정사와 부정사)
학습의 목적은 사람이 그의 지갑 속에 동전을 갖고 있듯이 지식을 소유하는 것이 아니라, 지식을 자기 자신의 일부로 만든다는 것, 즉 우리가 먹는 음식이 생명을 주는 혈액으로 바뀌듯이, 지식을 사상으로 전환하는 것이다.

He told me <u>that it was going to be a dinner party at the Sheraton Hotel</u> and <u>that I should dress formally</u>. (명사절과 명사절)

그는 내게 쉐라톤 호텔에서 저녁 만찬이 있을 것이며 그리고 격식을 차려서 옷을 입어야 한다고 말했다.

I ask you to say <u>that you are glad to be here</u>, and <u>that you enjoy it with us</u>. (명사절과 명사절)
나는 네가 여기에 있게 되어서 행복하고 그리고 우리와 함께해서 기쁘다는 말을 (직접) 해주셨으면 합니다.

I invited only those students <u>whom I know very well</u> or <u>who are studying English in the same class</u>. (형용사절과 형용사절)
나는 내가 가장 잘 알고 있거나 그리고 같은 반에서 영어를 공부하는 저 학생들만을 초대했다.

　종속접속사는 문장(절)과 문장(절)만을 서로 결합시키는 기능만이 있다. 종속접속사를 포함해서 뒤따르는 문장을 종속절(subordinate clause)[63]이라고 부르고, 종속접속사를 뺀 앞의 문장을 주절(the main [principal] clause)[64]이라고 부른다. 종속절은 그 기능에 다라서 '명사절・형용사절・부사절'로 나눌 수 있다. 품사에 따라서 형용사절인 경우는 관계대명사(relative pronoun)와 관계부사(relative adverb)로서 명사를 뒤에서 꾸며주는 제한적(restrictive clause) 용법으로서의 기능만으로 사용되며, 명사절을 이끄는 접속사로는 'that, whether(or if), 의문사(의문대명사, 의문부사)' 등이 사용되어 문장 안에서 '주어・보어・목적어'로 사용되며, 그리고 부사절을 이끄는 접속사로는 'because, when, if, though, while, than, as, so that' 등이 사용되어 주절에서 전달하고자하는 의미를 보충해준다.

---

63) 두 개의 절이 하나의 문장을 이룰 때, 조건, 원인, 전제 따위를 나타내며 주절을 한정하는 절

64) 두 개 이상의 문장이 종속적으로 이어질 때 주가 되는 절

$\underline{S+V+N(a, ad,\cdots)}+\textbf{종속접속사}+\underline{S+V+N(a, ad,\cdots)}$ = 복문65)

(1) 명사절

We believe <u>that</u> he is innocent. (종속접속사)

우리는 그가 무죄라고 생각한다.

The clerk said <u>that</u> apples will be discounted today only.

점원은 사과들이 단지 내일만 할인 될 거라고 말했다.

She told her mother <u>that</u> she will get married to him.

그녀는 어머니에게 자기는 그와 결혼할 거라고 말했다.

It is true <u>that</u> he has returned home.

그가 집에 돌아온 것은 사실이다.

I don't know <u>whether</u> Jeff is in the library or not.

나는 제프가 도서관에 있는지 없는지 모른다.

<u>Whether</u> she will move to Seoul is not clear.

그녀가 서울로 이사 갈지 어떨지는 확실하지 않다.

<u>If</u> she will come or not is not certain.

그가 올지 안 올지는 확실하지 않다.

Do you know if he flunked French?

그가 프랑스어를 낙제점을 받은 걸 아니?

There is a chance <u>that</u> they may win the game. (동격절=명사절)

그들이 그 경기에서 승리할 수 있는 기회가 있다.

I know the fact <u>that</u> he works hard from morning till night.

나는 그가 아침부터 밤까지 열심히 공부한다는 사실을 알고 있다.

---

65) 복문(complex sentence): 한 문장 안에 주어와 서술어의 관계가 두 번 이상 맺어져 있고, 둘 이상의 절(주절the principal clause과 종속절the subordinate clause)이 서로 이어져 있거나 어떤 절이 다른 문장의 성분으로 포함되어 있는 문장을 말한다.

I'll try to give you <u>whatever</u> you want. (복합관계대명사)

나는 네가 원하는 것을 주려고 할 것이다.

You may ask <u>whomever</u> you meet.

너는 만나는 사람들에게 물어볼 수 있다.

<u>What</u> I saw is unbelievable. (의문대명사)

내가 본 것은 믿을 수가 없다.

That depends on <u>how</u> you do it. (의문부사)

그것은 네가 어떻게 하느냐에 달려있다.

The kids suddenly wonder <u>how</u> fast the train runs.

아이들은 기차가 얼마나 빠른지가 갑자기 궁금했다.

He told me <u>which</u> way was the shortest.

그는 내게 어느 길이 가장 짧은 거리인지 말했다.

I asked him <u>when</u> he'd be back to pick me up.

나는 그에게 언제 나를 데리러 올 건지 물었다.

(2) 부사절

The Romans were <u>so</u> strong <u>that</u> they could rule many countries.
로마인들은 대단히 강해서 많은 나라들을 통치할 수 있었다.
She was <u>so</u> kind <u>that</u> she could show me the way to the station.
그녀는 너무 친절해서 내게 정류장으로 가는 길을 알려주었다.

He sacrificed his life <u>so that</u> his friends might live happily.
그는 친구들이 행복하게 살 수 있도록 자기 생명을 희생했다.
They arranged things <u>so that</u> they never met.
(=They arranged things <u>in order that</u> they never met.)
그들은 그들이 결코 만나지 못하도록 일을 조정했다.

They arrived <u>before</u> the game had ended.
그들은 경기가 끝나기 전에 도착했다.
A dog barks <u>when</u> a stranger is coming up.

개는 낯선 사람이 다가올 때 짖는다.
They will wait for me <u>until</u> I come back.
그들은 내가 올 때까지 기다릴 겁니다.

<u>Every time</u> I go to that class I panic.
나는 수업에 들어갈 때마다 당황스럽다.
<u>No sooner</u> had I started mowing the lawn <u>than</u> it started raining.
내가 잔디를 깎기 시작하자마자 비가 내리기 시작했다.

It will not rain tomorrow <u>if</u> you can see stars tonight.
만약에 오늘 밤 별을 볼 수 없다면 내일 비가 올 거다.
She was prepared to come, <u>providing that</u> she might bring her daughter.
만약에 그녀가 딸을 데려온다면 그녀는 오려고 준비했었다.

Whenever she had a cold, she ate only fruit. (복합관계부사)
그녀는 감기에 걸렸을 때마다 과일만 먹는다.
I'll try to give you any present, <u>whatever</u> you want.
네가 무엇을 원하든 간에 선물을 준비하겠다.

Were it all true, it would still not excuse their actions. (가정법)
(=<u>If</u> it were all true, it would still not excuse their actions.)
그것 모두가 사실이라면 그것은 그들의 변명거리가 못될 것이다.

This research is important <u>in that</u> it confirms the link between aggression and alcohol. (in that = because)
이 연구는 공격성과 음주의 관계를 증명할 수 있기 때문에 중요하다.
Whales are not fish <u>in (the sense) that</u> they do not lay eggs.
(=because)
알을 낳지 않기 때문에 고래는 물고기가 아니다.
<u>Because</u> he was late yesterday, I was worried about him.

그가 어제 늦었기 때문에 나는 그에 대해서 걱정했었다.

<u>Everywhere</u> I went, people were angry or suspicious.
내가 가는 곳이면 어디에서나 사람들이 화가나 있고 의심이 많았다.
<u>No matter who</u> you are, that doesn't matter to me.
(=Whoever)
네가 누구라 할지라도 그것은 내게 중요하지 않다.

It swims above the sea floor <u>just as</u> its ancestors did.
조상들이 했던 것처럼 그것은 해면 바닥 위로 헤엄쳐 다닌다.
He talks as if(though) he knew all about it.
(In fact, he doesn't know all about it.)
그는 그것에 대해서 알고 있었던 것처럼 말한다.

He is quite strong <u>though</u> he is very old.
그는 늙었지만 상당히 힘이 세다.
<u>Although</u> the house was firmly built, the hurricane crumpled it.
그 집이 단단하게 지어졌지만 허리케인이 부셔버렸다.

(3) 형용사절

The girl <u>who</u> talks with her friends looks happy. (관계대명사)
친구들과 대화하고 있는 저 소녀는 행복해 보인다.
The student <u>whose</u> hand was up gave the wrong answer.
손을 들은 저 학생은 잘못된 대답을 했다.
He bought me the book <u>which</u> I had wanted.
그는 내가 갖기를 원했던 것을 사주었다.
This machine <u>which</u> he invented was a success.
그가 발명한 이 기께는 성공작이었다.

The day will come <u>when</u> I will go there. (관계부사)
내가 그곳에 갈 날이 올 겁니다.
I know the time <u>when</u> you eat rice.
나는 네가 밥 먹는 시간을 알고 있다.

I know the place <u>where</u> you eat rice.

나는 네가 밥 먹는 장소를 알고 있다.

I know the reason <u>why</u> you eat rice.

나는 네가 밥 먹는 이유를 알고 있다.

I know the way <u>that</u> you eat rice. (the way that=how)

나는 네가 어떻게 밥을 먹는지 알고 있다.

(4) 기타 (관계사와 의문사)

<u>When you come back</u>, I will go to the movies. (부사절)

네가 돌아 올 때 나는 영화를 보러 나갈 겁니다.

I don't know <u>when she will come back</u>. (명사절)

나는 그녀가 언제 돌아올지 모릅니다.

The day will come <u>when you will pass the exam</u>. (형용사절)

네가 그 시험에 합격할 날이 올 거다.

다음으로, 문장의 확장 방법으로서 문장 안에 사용된 요소들인 '명사, 동사, 형용사, 부사'의 의미를 더욱 분명하게 설명하기 위해서 그 요소들 앞뒤로 다른 요소들을 추가적으로 보태어서 "modification structures(=clusters)"(수식구조)의 형태를 갖게 되는 것들로서 "명사묶음noun clusters, 동사묶음verb clusters, 형용사묶음adjective clusters, 부사묶음adverb clusters"[66]등이 있다. 이를 통해서 글쓴이는 자신이 설명하고자 하는 내용을 더욱 구체적으로 자세하게 설명할 수 있게 된다. 앞서 제 4장에서 언급된 것으로서 문장의 주요소들을 꾸며주는 수식어들로서 "명사 앞뒤에서 사용된 「(관사)(부사)(형용사) 명사」와 「명사 (형용사구)[67](형용사절)」 그리

---

66) Paul Roberts, *Understanding English*, pp. 185-203.

67) ■ **분사(Participle)의 형용사용법**: 분사가 형용사로서 명사를 수식할 때, 단독 수식하면 명사 앞에 놓고 그리고 다른 어구를 동반하면 명사 뒤에 놓는다. 자동사의 현재분사는 '진행'의 의미로 과거분사는 '완료'의 의미로, 타동사의 현재분사는 '능동'의 의미

로 과거분사는 '수동'의 의미로 해석한다.

*a **walking** man 걷고 있는 사람 (자동사의 현재분사: 진행의미)
(=A man walks.)
a man **walking along the riverside** 강변을 다라 걷고 있는 사람
(=a man who is walking along the riverside)

***amazing** news 놀라게 하는 소식, 놀랄 정도의 소식 (타동사의 현재분사: 능동의미)
(=news which is amazing somebody)
amazed boy 깜작 놀란 소년 (타동사의 과거분사: 수동의미)
(=a boy who is amazed by something)

*The student **who is reading a book in the library** is my friend.
(=The student **reading a book in the library** is my friend.)
도서관에서 책을 읽고 있는 저 학생은 나의 친구이다.
(→ **명사**+ [주격관계사+be동사+] **현재분사** ~) 제한적용법의 경우

The student, **who is reading a book in the library**, is my friend.
(=The student, **reading a book in the library**, is my friend.)
(=**Reading a book in the library**, the student is my friend.)
저 학생은, 도서관에서 책을 읽고 있는, 나의 친구이다.
(→ **명사,** [주격관계사+be동사+] **현재분사** ~, **본동사** ~) 계속적용법의 경우

*The student **who is painting a landscape in the park** is my friend.
(=The student **painting a landscape in the park** is my friend.)
공원에서 풍경화를 그리고 있는 저 학생은 나의 친구이다.
(→ **명사**+ [주격관계사+be동사+] **과거분사 by** ~) 제한적용법의 경우

The student, **who is painted by her in the park**, is my friend.
(=The student, **painted by her in the park**, is my friend.)
(=**Painted by her in the park**, the student is my friend.)
저 학생은, 공원에서 풍경화를 그리고 있는, 나의 친구이다.
(→ **명사,** [주격관계사+be동사+] **과거분사 by~, 본동사** ~) 계속적용법의 경우

*He sat **thinking** about the news. (주격보어에 현재분사 사용)
그는 그 소식을 생각하면서 앉아 있다.
He sat **disappointed** at the news. (주격보어에 과거분사 사용)
그는 그 소식에 실망한 채로 앉아 있었다.

*I saw him **thinking** about the news. (목적격보어에 현재분사 사용)
나는 그가 그 소식에 대해 생각하면서 앉아있는 것을 보았다.
I saw him **disappointed** at the news. (목적격보어에 과거분사 사용)
나는 그가 그 소식에 실망한 채로 있는 것을 보았다.

*The problem **confuses** the students. (명사와 분사의 수식관계)

→ **confusing** problems 당황케 하는 문제들, 당황하게 하는 문제들
The students **were confused** by the problem. (명사와 분사의 수식관계)
→ **confused** students 당황한 학생들, 당혹케 된 학생들

(주의1) 명사 뒤에서 수식하는 분사가 현재분사인 경우에는 자동사와 타동사 모두 사용되지만, 과거분사는 타동사는 가능하지만 자동사는 사용할 수 없다. 왜냐하면 명사 뒤에서 수식하는 경우는 원래 관계형용사절에서 타동사가 수동태로 전환된 경우이기 때문이다.

The person **working** at the store is my friend. work 자동사 진행형 가능 (O)
상점에서 일하고 있는 저 사람은 나의 친구이다.
The person **worked** at the store is my friend. work 자동사 수동태 불가 (X)

(주의2) 감정동사(surprise, amaze, astonish, frighten, astound, alarm; please, delight, satisfy, amuse; embarrass, bewilder, puzzle, confuse, perplex; disappoint, discourage; interest, excite; bore, tire, exhaust) 의 분사형은 하나의 형용사처럼 사용되는데, 현재분사는 사물이 주체일 경우에 과거분사는 사람이 주체일 때 사용된다.

They were pleased with the news. 그들은 그 소식에 기뻤다.
The story is very amusing. 그 이야기는 흥미롭다.
He was disappointed with her. 그는 그녀에게 실망했다.
The game was exciting. 그 경기는 흥분시킨다.

■ **일반(성질, 상태) 형용사**: 준동사가 형용사로서 제한적용법과 서술적용법으로 사용되듯이 일반 형용사(성질, 상태, 등)들도 동일하게 사용된다.

a **fat** man = a man **who is fat** 뚱뚱한 남자 (제한적 용법)
The man looks **fat**. 그 남자는 뚱뚱해 보인다. (서술적 용법)
a **wealthy** woman = a woman **who is wealthy** 부유한 여자 (제한적 용법)
They think the woman **wealthy**. 사람들은 그 여자가 부유하다고 생각한다. (서술적 용법)

■ **부정사(Infinitive)의 형용사용법**: 부정사도 형용사로서 명사를 뒤에서 수식하는 제한적 용법이 있고, 그리고 'be to'용법(예정, 운명, 가능, 조건, 의무)인 서술적 용법이 있다.

I have **a friend to help** me even in this case. (주술관계)
=I have a friend who can help me even in this case.
나는 이러한 상황에서 조차 나를 도와 줄 친구가 있다.

I have **a friend to help** tomorrow. (타동사의 목적관계)
=I have a friend whom I will help tomorrow.
나는 내일 도와 줄 친구가 있다.

I have **a house to live in**. (전치사의 목적관계)
=I have a house which I will live in.
나는 거주할 집이 있다.

고 동사 앞뒤에서 사용된 「(부사)(조동사) 동사」 와 「동사 (부사)」 를 설명한 바 있는데, 그 외에도 형용사에 대한 수식어로 형용사를 사용하는 「(형용사) 형용사」 그리고 부사에 대한 수식어로 부사를 사용하는 「(부사) 부사」 등이 있다. 아래는 그러한 묶음(clusters)들에 대한 설명이다.

(1) 명사구 noun clusters

· 관사＋명사

the ghost

a book

our friends

every church

I have **a good way to solve the problem.** (동격관계)
=I have a good way that I can solve the problem.
나는 그 문제를 해결할 수 있는 좋은 방법이 있다.

(Be to용법)
We **are to** visit Europe next year. (예정)
=We are going to visit Europe next year.
우리는 내년에 유럽을 방문할 겁니다.

Students **are to** study hard on their school days. (의무)
=Students should study hard on their school days.
학생들은 학창시절에 열심히 공부해야 합니다.

Nothing **was to** be found around me. (가능)
=Nothing could not be found around me.
내 주변에서 아무것도 발견할 수 없었다.

Everybody **are to** die sometime. (운명)
=Everybody is doomed to die sometime.
모든 사람은 언젠가 죽게 된다.

If you **are to** be rich, you should work hard. (조건)
=If you intend to be rich, you should be diligent.
만약에 부자가 되려면 부지런해야 한다.

· 형용사＋명사
yellow flowers
brave men
tall building
sad story

· 관사＋형용사＋명사
some yellow flowers
every brave men
that tall building
his sad story

· 명사＋명사
dress artist
circus lion
drugstore cowboy
ocean liner

· 관사＋형용사＋명사＋명사
a friendly dress artist
every eager insurance salesman
her handsome drugstore cowboy
his lonely hotel room

· 현재분사＋명사
screaming child
dripping faucet
smiling villain
burning room

· 과거분사+명사

suggested improvements

pacified child

written answer

hidden gold

· 관사+명사+부사

the people there

the car outside

the trees beyond

the dinner afterward

our friends upstairs

· 관사+명사+<u>전치사+명사</u>

the boy with the dog

a toy in the window

the man on first

his place in the mountains

a dance in the moonlight

· 관사+명사+관계형용사절

the girl who went away

the house that had been burglarized

a gift which he gave his mother

a child whose parents were in trouble

the guests (whom) we had invited

· 관사+명사+<u>전치사+명사</u>+관계형용사절

the men in the pit who were working

a child of four that had been crying

(2) 동사구 verb clusters

· 조동사+동사

may go

should go

was going

had gone

· 동사+준동사(현재분사, 동명사, to부정사)

kept going

got going

wanted to go

started to go

began going

started going

be broken

get married

· 동사+부사+부사+부사 (place+manner+time)

came in noisily sometimes

looked up angrily then

play around mischievously usually

went away unhappily later

· 부사+동사+부사+부사

sometimes came in noisily

often spoke up quietly

never sang

always answered rudely

· 부사＋동사＋부사

noisily walked in

angrily went away

· 동사＋(전치사)＋명사

came (in) this morning

worked (in) last night

leaves (on) next month

went (to) that way

returned (in) every spring

· 동사＋전치사＋명사

came in a hurry

came in a car

walked by the river

walked with his aunt

spoke to the mayor

left before dawn

· 동사＋전치사＋명사＋전치사＋명사

came in a car with his aunt

walked by the river before dawn

· (조동사)＋동사＋부사절

comes when he has time

left before the dance was over

hurried because she was late

danced until we were exhausted

will speak if he is asked

· (조동사)＋<u>전치사＋명사</u>＋부사절

comes on his bicycle when he has time

will speak to the group if he is asked

· (조동사)＋부사＋동사＋부사＋<u>전치사＋명사</u>＋부사절

would usually go out with the boys if he is asked

(3) 형용사구 adjective clusters

· 부사(강의어)＋형용사

very unhappy

rather cool

pretty silly

· (관사)＋명사＋형용사

knee high

skin deep

ice cold

a yard wide

water tight

· 형용사＋형용사

icy cold

bluish green

boiling hot

freezing cold

· 형용사+전치사+명사

quietly sad

beautifully true

sadly beautiful

· 형용사+<u>전치사+명사</u>

ready for anything

strong as a bull

clever with his hands

· 형용사+부사절

young as he was

silent when he had nothing to say

(4) 부사구 adverb clusters

· 부사(강의어)+부사

very unhappily

rather beautifully

· 부사+부사

remarkably well

unusually quickly

· 부사+부사절

quickly as he could

· <u>more</u>+부사+<u>than</u>+절

more quickly than one would have imagined

　마지막으로, 문장의 확장 방법으로서 글쓴이가 하나의 문형을 통해서 전달하고자 하는 내용에 추가적으로 구체적이고 자세하게 설명하기 위해서 '동사'를 변형시켜서 확장시키는 방법이다. 즉 '동사verb'를 '준동사verbals'인 분사participle와 동명사gerund와 부정사infinitive로 변형시켜서 사용하는 방법이다. 글쓴이가 동사(vi, vt)를 사용하는데 문장에서 술부동사로서가 아니라 어형을 변형시켜서 '명사, 형용사, 부사'로 사용할 수 있는 매우 유용한 문장 확장방법이다.

　준동사(Verbals)는 한국어 어법에서는 찾아볼 수 없는 독특한 용법이기 때문에 학습자들에게 짧은 지면의 설명을 통해서 이해시키기가 어렵기는 하지만 몇몇 언어학자들의 설명을 통해서 최대한 요약하여 정리하고자 한다.

George O. Cume 교수는 "준동사로서 분사와 동명사와 부정사는 부정형동사(不定形動詞)의 형태로서 (문장 안에서) 동사의 성질을 가지고 있으면서 동시에 명사와 형용사(또는 부사, 등등)의 기능을 한다."(The infinite forms of the verb — the participle, the infinitive, and the gerund — are forms which partake of the nature of verbs and have in addition the function of adjectives or nouns.)68) 라고 정의하고 있다.

Paul Robets 교수는 "준동사란 인칭·수 등의 제한을 안 받는 어형인 부정형동사(不定形動詞)로서 그 형태에 있어서 또는 주어와 보어와 부사적인 수식어들을 취하는 능력에 있어서는 정동사(定動詞)의 기능과 유사하다. 그러나 준동사는 술부를

---

68) George O. Cume, *English Grammar*, p. 265.

완성하지는 못한다. 즉 준동사의 불완전성은 정동사에 뒤따르는 유형들과 다른 구문론적인 유형들을 보이고 있다는 것이다."(A verbal is a word that resembles the finite verb in its form and in its capacity for taking subjects and complements and adverbial modifiers but differs in that it cannot complete a predication; the incompleteness of the verbal is indicated by numerous syntactic patterns that differ from the patterns which accompany finite verbs.)[69] 라고 정의하고 있다.

장성언 교수는 "준동사란 부정사와 동명사와 분사의 총칭으로서 정형동사에 대한 이름으로, 비정형동사라고도 불린다. 글의 술어동사로써는 쓰이지 않으므로, 글의 주어의 인칭과 수에 호응하는 어형변화는 없지만, 시제와 태의 어형변화는 가지고 있으며, 동사의 구실과 아울러, 명사, 동사, 형용사, 부사의 구실을 하기도 한다."[70]라고 정의하고 있다.

이들 언어학자들의 준동사에 대한 정의를 통해서, 부정형동사(不定形動詞 infinite verb)로서 준동사가 정형동사(定形動詞 finite verb)와 어떠한 공통점과 차이점이 있는지 비교 설명하여 학습자들의 이해를 돕고자 한다.

(1) 준동사는 정형동사(finite verb)처럼 '시제(tense)'의 영향을 받아서 어형변화를 한다는 점에서 동일하다.

준동사는 우리가 알고 있는 동사(vi, vt)처럼, 시제의 영향을 받아서 '단순시제동사 능동태(break), 완료시제동사 능동태

---

69) Paul Roberts, *Understanding Grammar*, p. 185.

70) 장성언 편저, 『영어관용법사전』(*Dictionary of English Usage*)(서울: 연세대학교 출판부, 1979), p. 1559.

(have broken)'으로 만들 수 있다. 즉 부정사는 '단순시제동
사 부정사 to break, 완료시제동사 부정사 to have broken'으
로, 그리고 분사형은 '단순시제동사 분사형 breaking, 완료시
제동사 분사형 having broken'으로 만들 수 있다.

He broke the window.
그가 창문을 깼다.
→He didn't want to break the window.
그는 창문을 깨고 싶지 않았다.

He had broken the window.
그가 이미 창문을 깨버린 상태이다.
→He didn't want to have broken the window.
그는 창문을 깨버리고 싶지는 않았다.

I am happy to have had this talk with you.
나는 이러한 대화를 당신과 했었던 것을 기쁘게 생각합니다.
I am happy to be talking this talk with you.
나는 이러한 대화를 당신과 하고 있게 되어 기쁘게 생각합니다.

You will find the woman to have aged shockingly.
너는 그녀가 대단히 나이가 많이 들었다는 것을 알게 될 거다.
We expected them to have finished it by the time we arrive.
우리는 그들이 우리가 도착할 때 그 일을 마무리 지었기를 기대했다.

I appreciated inviting you to my room.
나는 너를 나의 방으로 초대하게 되어 감사하다.
I appreciate having had the opportunity to mee her.
나는 그녀를 만날 수 있는 기회를 얻었음에 감사하다.

The rain seems to stop.

(=It seems that the rain stops.)
비가 멈출 듯합니다.

The rain seems to have stopped.
(=It seems that the rain stopped.)
비가 이미 멈추었던 듯이 보입니다.

(2) 준동사는 정형동사(finite verb)처럼 '수동태(voice)'로 만들 수 있다는 점에서 동일하다.

준동사는 우리가 알고 있는 동사(vi, vt)처럼, 태(능동태, 수동태)의 영향을 받아서 '단순시제동사 수동태(be broken), 완료시제동사 수동태(have been broken)'으로 만들 수 있다. 즉 부정사는 '단순시제동사수동태 부정사 to be broken, 완료시제동사수동태 부정사 to have been broken'으로, 분사형은 '단순시제동사수동태 분사형 being broken, 완료시제동사수동태 분사형 having been broken'으로 만들 수 있다.

The window was broken by him.
창문이 그에 의해서 망가졌다.
→We don't want the window not to be broken by him.
우리는 창문이 그에 의해서 망가져있지 않기를 원한다.

The window had been broken by him before I returned.
내가 돌아오기도 전에 이미 창문은 그에 의해서 망가져 있었다.
→We didn't wand the window not to have been broken by him.
우리는 그 창문이 그에 의해서 이미 망가져 있지 않기를 원했다.

He wants to see a play.
그는 연극을 보고 싶다.

He wants <u>to be seen</u> at the play.
그는 연극에서 보여 지기를(출연하기를) 원했다.

I appreciated <u>inviting</u> you to my room.
나는 너를 내 방에 초대하게 되어 감사하다.
I appreciated <u>being invited</u> to your room.
나는 네 방에 초대받게 되어 감사하다.

I have a some suspicion of the police <u>having never properly
searched</u> the room. (Active)
나는 경찰이 결코 그 방을 정확히 탐색했을 리가 없었을 것으로 의심이 든다.
I have a some suspicion of the room <u>having never been
properly searched</u> by the police. (Passive)
나는 그 방이 경찰에 의해서 정확히 탐색되었을 리가 없었을 것으로 의심이 든다.

Women are made **to be loved**, not **to be understood**. (Oscar Wilde)
여성들은 이해를 받기 위해 창조된 것이 아니라 사랑받기 위해 창조되었다.
He expressed a doubt of their **having been married**.
그는 그들이 결혼한 적이 있었을 것에 대해 의심을 드러냈다.
The next thing **to be considered** was food.
고려되어야 할 다음 문제는 음식입니다.
There is only one thing to do / **to be done**.
행해야 할(행해져야 할) 단 한 가지가 있습니다.
There is nothing to fear / **to be feared**.
두려워 할(두려워 질)것이 아무것도 없다.
There was no time to lose / **to be lost**.
낭비 할(낭비 되어질) 시간이 없다.

(주의) 특별한 경우에서, 동명사가 모양은 능동태인데 의미는
수동태로 해석할 때가 있다.

The garden wants weeding. (=We want to weed the garden.)
정원에 잡초가 제거될 필요가 있다. (정원에 잡초를 뽑아야 하겠다.)
The project needs explaining.
그 계획은 설명이 될 필요가 있다.
The cloth will bear washing.
이 천은 세탁이 질 된다.
It is difficult to obtain a hearing in these circles.
이 분야에서 청취하기란 어렵다.
She deserved punishing for punishing me.
그녀가 나를 비난한 것에 대해서 비난받을 만하다.

(3) 준동사는 정형동사(finite verb)처럼 자체속의 '동사의 성질(자동사, 타동사)'에 따라서 뒤에 보어와 목적어와 수식어구 등을 받을 수 있다는 점에서 동일하다.

준동사는 우리가 알고 있는 동사(vi, vt)처럼, 그것이 가지고 있는 성질(자동사intransitive verb, 타동사transitive verb)에 따라서 뒤에 보어 또는 목적어를 받아서 특정한 문장의 유형(sentence patterns)들을 만든다. 즉 동사의 성질이 자동사일 때는 목적어가 뒤따르지 않으나 타동사일 때는 목적어가 반드시 뒤따라야 하는 경우가 동일하고, 또한 완전동사일 때는 보어가 뒤따르지 않으나 불완전동사일 때는 보어가 반드시 뒤따라야 하는 경우가 동일하다.

Pattern 1: Dogs <u>bark</u>. (자동사)
　　　　　 개가 짖는다.
　　　　　 I want dogs <u>to bark</u>.
　　　　　 나는 개가 짖기를 원한다.

Pattern 3: She <u>ate the apple</u>. (타동사+목적어)

그녀가 사과를 먹었다.

I wanted her <u>to eat the apple</u>.

나는 그녀가 사과를 먹기를 원한다.

Pattern 4: We <u>taught the dog tricks</u>. (타동사+목적어+목적어)

우리는 개에게 재주를 가르쳤다.

They want us <u>to teach the dog tricks</u>.

그들은 우리가 개에게 재주를 가르치기를 원하다.

Pattern 2: He <u>became angry</u>. (불완전자동사+보어)

그가 화가 났다.

I don't want him <u>to become angry</u>.

나는 그가 화가 나기를 원하지 않는다.

Pattern 5: They <u>elected him Chairman</u>.(불완전타동사+목적어+보어)

그들은 그를 의장으로 뽑았다.

We want them <u>to elect him chairman</u>.

우리는 그들이 그를 의장으로 뽑기를 원한다.

I missed <u>being with my family</u>. (vi/+adv.)

나는 가족과 함께 있기를 원한다.

She advised his <u>starting at once</u>. (vi/+adv.)

그녀는 그가 즉시 출발하도록 충고했다.

He made money <u>working as a tea taster</u>. (vi/+adv.)

그는 차 감별사로 일하면서 돈을 벌었다.

<u>Growing tired</u>, I excused myself and went to bed. (vi+sc)

피곤했기 때문에 나는 죄송하다고 말하고서 잠자러 갔다.

<u>Being an old man</u>, the woman knew what to do. (vi+sc)

연륜(나이)이 있어서 그 여자는 무엇을 해야 하는지 알고 있었다.

He admitted <u>stealing the money</u>. (vt+o)

그는 그 돈을 훔쳤다고 시인했다.

The man <u>painting the fence</u> was hired recently. (vt+o)

울타리에 페인트칠하고 있는 저 사람은 최근에 고용되었다.

We regret <u>telling him our secret</u>. (vt+Io+Do)

우리는 그에게 우리의 비밀을 말했던 것을 후회한다.

I forgot <u>to give him a book</u> which I bought for him. (vt+Io+Do)

나는 그를 위해 구입한 책을 그에게 주는 거를 잊었다.

I kept <u>encouraging him to try again</u>. (vt+o+oc)

나는 계속해서 그에게 다시 도전하라고 격려했다.

<u>Seeing him dead</u>, I thought of all the good he had done. (vt+o+oc)

그가 죽어있는 모습을 보면서, 그가 행했던 선한 일들을 생각해보았다.

(4) 준동사는 정형동사(finite verb)처럼 그 앞에 '의미상 주어(the implied subject, the subject of verbals)'를 가질 수 있다는 점에서 동일하다.

준동사는 우리가 알고 있는 동사(vi, vt)처럼, 그 앞에 주어를 갖는다. 즉 문장은 주부(the subject)와 술부(the predicate)로 나누어지며, 술부에 사용된 중심단어(headword)인 동사는 특별한 경우를71) 제외하고는 반드시 그 앞에 주어를 취하는 것처럼 준동사 또한 특별한 경우72)를 제외하고 그 앞에 주어

---

71) 명령문의 경우는 주어를 생략한다. Get out! Let him get out!

72) 문장 내에 사용된 주어 또는 목적어가 준동사의 의미상 주어 역할을 할 때는 **생략할 수** 있지만 다를 경우에는 바로 앞에 의미상 주어를 넣어야 한다. 부정사는 'for(of)+명사' 형태로 바로 앞에 놓고 동명사는 'one('s)' 형태로 바로 앞에 놓는다.

She has decided **to become** a teacher. (주어와 일치)
(=She has decided that **she will become** a teacher.)

그녀는 선생이 되려고 결심했다.

He worked hard **to succeed** in life. (주어와 일치)
(=He worked hard so that **he could succeed** in life.)
그는 인생에서 성공하기 위해서 열심히 일했다.

The publisher waited **for the author to say** amen to its offer.
(=The publisher waited so that the author might say amen to its offer.)
출판사에서는 저자가 자신들의 제안을 동의할 때까지 기다렸다.

He have a friend **to help**. (주어와 일치)
(=He have a friend whom **he will help**.)
그는 도와 줄 친구가 있다.

They supposed **him to be** rich. (목적어와 일치)
(=They supposed that **he was** rich.)
그들은 그가 부자라고 생각했다.

For Tom to marry Marry would be surprising. (부정사의 의미상 주어)
(=That **Tom should marry** Marry would be surprising.)
톰이 메리와 결혼하려는 것은 놀라운 일이다.

For him to think such a thing is madness.
(=It is madness **for him to think** such a thing.)
(=That **he should think** such a thing is madness.)
그가 그렇게 생각하는 것은 미친 짓이다.

For a man to tell how human life began is hard. (John Milton)
인간 자시의 삶이 어떻게 시작하는지 말하기란 어렵다.

That is a matter in hand **for him to decide** for himself.
(=That **he decide** for himself is a matter in hand.)
그가 혼자 힘으로 결정해야하는 것은 당면한 문제이다.

It is rude **of him** to extremely look down on her. (사람의 성품, 성격, 성질 형용사 / of+명사)
(=He is rude to extremely look down on her.)
≠He is rude to extremely look down on.
네가 열심히 노력하는 친구를 비웃는 것은 무례한 짓이다.

It is difficult **for you to solve** the problem. (for+명사)
(=The problem is difficult for you to solve.)
≠You are difficult to solve the problem.
네가 그 문제를 해결하기는 어렵다.

The book is **too** difficult **for him to read**.
(=The book is so difficult that she cannot read it.)

를 취하는데 이를 의미상 주어라고 부른다.

We will never forget **seeing her at the party**. (주어와 일치)
=We will never forget that we saw her at the party.
우리는 그녀를 파티에서 보았던 것을 결코 잊지 못할 겁니다.

She was surprised at **getting the job**. (주어와 일치)
=She was surprised that she got the job.
그녀는 그 일을 얻게 되어서(직업을 구하게 되어서) 놀랐다.

He studied hard **to go abroad**. (주어와 일치)

___

그 책은 그가 일기에 너무 어렵다.

I studied hard not **to fail** in the exam.
(=I studied hard so that I might not fail in the exam.)
나는 시험에서 탈락되지 않기 위해서 열심히 공부했다.

Father's last request, **for me to study** law can be possible.)
(=Father's last request that I **study** law can be possible.)
내가 법을 전공하기를 바라는 아버지의 마지막 요구는 가능할 것이다.

*I am proud of **being** a teacher.
(=I am proud that I am a teacher.)
나는 교사인 것이 자랑스럽다.
We accused **him of telling** us a lie.
우리는 그가 우리에게 거짓말하는 것을 비난했다.
(Our)**Looking** after children requires patience. (일반인 주어 생략)

*Tom's returning** so soon surprised us. (동명사의 의미상 주어)
톰이 그렇게 빨리 돌아온 것은 우리를 놀라게 했다.
We were surprised at **his (or him) returning** so soon.
우리는 그가 그렇게 빨리 돌아온 것에 놀랐다.
She objected to **her father's (or her father) returning** so soon.
그녀는 자기 아버지가 그렇게 빨리 돌아오시는 것을 반대했다.

*The teacher insisted on **whoever threw the eraser** apologizing.
선생은 지우개를 던진 사람이 사과해야 한다고 주장했다.
The teacher insisted on the boy who threw the eraser apologizing.
선생은 지우개를 던진 그 소년이 사과해야 한다고 주장했다.
Is there any chance of **the people behind the table** talking now?
탁자 뒤에 있는 사람들이 지금 말할 수 있는 기회가 있나요?

=He studied hard <u>so that he might go abroad</u>.

그는 외국에 나가기 위해서 열심히 공부했다.

<u>Having finished the work</u>, <u>he</u> went home. (주절의 주어와 일치)

=<u>After he had finished the work</u>, <u>he</u> went home.

일을 마친 후에 그는 집으로 갔다.

I expected **<u>him to come</u>**. (목적어와 일치)

=I expected <u>that he would come</u>.

나는 그가 오기를 기대했다.

We all thought **<u>him (to be) an honest man</u>**. (목적어와 일치)

=We all thought <u>that he was an honest man</u>.

우리 모두는 그가 정직한 사람이라고 생각했다.

We accused **<u>him of being a spy</u>**. (목적어와 일치)

우리는 그를 간첩 행위의 혐의로 고발하다.

She was surprised at **<u>the man's getting the job</u>** (주어가 불일치)

=She was surprised <u>that the man got the job</u>.

그녀는 그 사람이 그 일을 얻게 된 것에(직업을 구하게 되어서) 놀랐다.

It is difficult **<u>for you to master English in a year</u>**. (주어가 불일치)

=I is difficult <u>that you can master English in a year</u>.

네가 1년 안에 영어를 정복하는 것은 어려운 일이다.

<u>The weather being fine</u>, I went shopping. (주절의 주어와 불일치)

=<u>As the weather was fine</u>, I went shopping.

날씨가 화창해서 나는 장보러 나갔다.

(주의)분사가 명사를 후치 수식할 경우는 관계형용사절을 간

결하게 표현한 것인데, 다음과 같은 오역(mistranslation)의
여지가 있음을 주의해야한다.

*The man **talking with his mouth full** is my friend.
 (=The man **who is talking with his mouth full** is my friend.)
입을 벌리고 말하고 있는 저 남자는 나의 친구이다.

*The man, **talking with his mouth full**, is my friend.
 (=The man, **who is talking with his mouth full**, is my friend.)
저 남자, 입을 벌리고 말하고 있는데, 나의 친구이다.
*The man reprimanded the boy **talking with his mouth full** is my friend.
 (=The man reprimanded **the boy who is talking with his
 mouth full** is my friend.)
그 남자는 입을 벌리고 말하고 있는 소년을 나무랬다.

*The man reprimanded the boy, **talking with his mouth full** is my friend.
 (=**The man** reprimanded the boy, **talking with his mouth
 full** is my friend.)
입을 벌리고 말하고 있는 저 남자가 소년을 나무랬다.

(주의)
I promised (him) **to come**. (주어가 의미상 주어)
(=I promise him that I **will come**.
나는 그에게 오기로 약속했다.
Our parents taught (us) **to speak** the truth and **to fear** nothing.
부모님은 진실을 말하고 두려워하지 말라고 우리에게 가르쳤다.

(5) 준동사는 정형동사(finite verb)처럼 동사의 의미를 부정
부사(not, never)를 이용해서 부정시킬 수 있는 점에서 동일
하다.

정형동사를 부정시키는 방법에서 Be동사는 부정부사(not, never)를 그 앞에 위치시키고, 그 밖의 일반 동사는 동사의 수(number)와 시제(tense)에 따라서 대동사(do, does, did) 를 이용하여 부정부사를 뒤에 위치시킨다. 일반 정형동사와 마찬가지로 준동사도 부정부사를 이용해서 부정시킬 수 있다 는 점에서 동일한데, 다만 그 위치를 준동사 바로 앞에 (대동 사 없이) 위치시킨다.

You have to exercise regularly **not to get sick**.
=You have to exercise regularly so that you may not get sick.
너는 병들지 않도록 규칙적으로 운동해야 한다.

I expected him **not to come here**.
=I expected that he would not come here.
나는 그가 이곳에 오지 않기를 기대했다.

He worked hard **not to fail in life**.
=He worked hard so that he might not fail in life.
그는 인생에서 실패하지 않기 위해서 열심히 일했다.

We were afraid of **the man's not coming to the party**.
=We were afraid that the man would not come to the party.
우리는 그 사람이 파티에 오지 않아서 걱정했다.

Not having met her before, I wanted to be introduced to her.
=As I had not met her before, I wanted to be introduced to her.
전에 그녀를 만난 적이 없었기 때문에 나는 그녀를 소개하고 싶었다.

The door not locked, we could enter the house.

=<u>As the door was not locked</u>, we could enter the house.
문이 잠겨져있지 않아서 우리는 집에 들어갈 수 있었다.

(6) 그러나, 준동사는 정형동사와 다르게 문장에서 술부동사로 사용할 수는 없으며, 문장에서 주어의 수와 인칭에 호응하는 어형변화가 없으며, 그리고 정형동사의 형태와 전혀 다르다.[73)

문장 내에서 정형동사와 준동사를 구분하려 할 때, 가장 확실한 방법으로 '전혀 다른 형태를 통해서' 확인이 가능하다. 즉 준동사는 정형동사를 재료로 해서 만들기는 하지만 그 정형동사의 형태(go, goes, went)에 변형을 주어서 외관상 전혀 다른 형태(going, gone, to go)를 가지기 때문에 구분하기가 쉽다.

---

73) 대부분의 준동사들은 그 모양에 있어서 정형동사들과 분명한 차이(going, to go, gone)가 있으나, 과거분사(cut, founded)는 단순과거시제동사 모양(cut, founded)과 동일할 때가 있기 때문에 주의해야 한다. 그러나 문장 안에서 위치가 다르기 때문에 구별이 가능한데, 과거분사는 완료시제로서 'have+과거분사,' 수동태로서 'be+과거분사,' 형용사로서 '과거분사+명사, 또는 명사+과거분사~'위치에 사용되지만, 단순과거시제동사는 문장 안에서 주어 위치하여 '주어+과거동가~'이다.

*He **has already founded** a white house on the hill. (완료시제)
그는 언덕위에 하얀 집을 이미 지어 놓았다.
He has a white house **founded on the hill**. (형용사)
그는 언덕위에 지어진 하얀 집이 있다.
The white house **was founded** on the hill by him. (수동태)
그 하얀 집은 언덕위에 그에 의해서 지어졌다.

He **founded** a white house on the hill in 1960. (과거동사)
그는 1960년 언덕위에 하얀 집을 지었다.

*I want the cake **cut** in two (과거분사)
나는 케이크가 두 조각으로 잘려지기를 원한다.

He **cut** the cake in two. (과거동사)
그가 케이크를 두 조각으로 잘랐다.
I want him **cut** the cake in two. (원형동사)
나는 그가 케이크를 두 조각으로 자르기를 원한다.

He <u>wants</u> to understand you.(O)

그는 너를 이해하고 싶어 한다.

He <u>to want</u> understand you.(X)

He <u>to wants</u> understand you.(X)

She <u>studies</u> English. (O)

그녀는 영어를 공부한다.

She <u>to studies</u> English. (X)

She <u>to study</u> English. (X)

(7) 준동사는 정형동사와 다르게 문장 안에서 동사가 아닌 '명사(noun), 형용사(adjective), 부사(adverb)'라는 품사로 사용되어 정형동사와 위치(place)가 전혀 다르다.[74]

---

74) **준동사(Verbals) 장점**: 준동사란 한 문장 안에서 두 가지의 품사 기능(function)을 동시에 하는 것이다. 기본적인 재료(ingredient)인 '동사(go / love)'를 외관상의 변형 (going / loving, gone / loved, to go / to love)을 통해서 다른 동일한 품사(a book, hateful, heavily)들과 쉽게 구별할 수 있다. 물론 문장 안에서 품사에 다라서 사용될 수 있는 위치는 동일하다. 두 종류의 품사 중에 어느 것을 선택해서 사용하느냐는 글 쓴이의 몫이다. 예를 들어, 일반적인 명사는 단지 명사의 뜻만을 사용할 수 있다면 준동사로서 명사는 동사의 뜻뿐만 아니라 동사의 성질에 따라서 뒤에 '보어, 목적어, 수식어구'가 뒤따라 사용할 수도 있다는 것이다. 바로 동사를 '명사, 형용사, 부사'로 전환시켜서 사용할 수 있다.

We gave our **consent**. / consent 명사 / 승낙, 동의, 찬성
우리는 승낙했다.
Silence gives **consent**. / consent 명사 / 승낙, 동의, 찬성
침묵은 찬성의 표시이다.

We **consented** to give a lecture. consent 동사 / 승낙하다, 동의하다, 찬성하다
우리는 강의하는 것을 승낙했다.
They want us **to consent** to give a lecture. / to consent 부정사 / 명사
그들은 우리가 강의를 승낙하기를 원한다.

We **consented** that he should be sent to America. / consent 동사 / 찬성하다
우리는 그를 미국으로 보내야한다고 찬성했다.
They waned **to consent** that he should be sent to America. / to consent 부정사 / 명사
그들은 그를 미국으로 보내야 한다는 것을 동의하기를 원했다.

준동사는 정형동사와 품사가 다르기 때문에 문장 안에서 그 위치가 전혀 다르다는 것이다. 왜냐하면 준동사는 그 품사가 '명사, 형용사, 부사'로 기능을 하기 때문에 문장 안에서 술어동사 위치가 아니라 '명사, 형용사, 부사' 위치에 사용할 수 있다. 즉 문장 안에서 명사로서 주어(보어, 목적어, 동격)의 위치에 놓을 수 있고, 형용사로서 명사를 꾸며 줄 때는 명사 앞뒤에 놓을 것이고 그리고 보어로 사용될 때는 2형식 및 5형식 문형에서 보어 위치에 놓을 수 있고, 부사로서 문장 안에 있는 동사와 형용사와 부사를 도와주는 위치에 놓을 수 있다.

She want <u>to study English</u>.
(준동사 / 부정사 / 명사 / 타동사의 직접목적어)
그녀는 영어를 공부하고 싶어 한다.

He was about <u>to retire</u>.
(준동사 / 부정사 / 명사 / 전치사의 목적어)
그는 막 퇴직하려 했다.

We felt the **want** of a real friend. / want 명사 / 필요, 소용
우리는 진실한 친구의 필요를 느낀다.
There were many plants dying for **want** of rain. / want 명사 / 결핍, 부족
비 부족으로 죽어가는 식물들이 많이 있었다.
Want is the mother of industry. / want 명사 / 가난, 빈궁, 곤궁
빈궁은 근면의 어머니이다.

We **want** them to become real friends for a long life. / want 동사 / 원하다, 바라다
우리는 그들이 오랜 인생기간동안 서로 진정한 친구들이 되기를 바란다.
It is very difficult **to want** them to become real friends for a long life. / to want 부정사 / 명사
그들이 오랜 인생기간동안 서로 진정한 친구들이 되기를 바란다는 것은 매우 어렵다.

We **want** to find when the next bus leaves. / want 동사 원하다, 바라다
우리는 다음 버스가 언제 출발하는지 알고 싶습니다.
It is natural **to want** to find when the next bus leaves. / to want 부정사 / 명사
다음 버스가 언제 출발하는지 알고 싶은 것은 당연한 일다.

He cannot but[75] <u>admire her</u>. (=cannot help but do)

(준동사 / 원형부정사 / 명사 / 전치사의 목적어)

그는 그녀를 존경하지 않을 수 없다. (존경할 수밖에 없다)

We want her <u>to study English</u>.

(준동사 / 부정사 / 명사 / 목적보어)

우리는 그녀가 영어 공하기를 원한다.

<u>To study English</u> is very difficult.

(=It is very difficult to study English.)

(준동사 / 부정사 / 명사 / 주어)

영어를 공부한다는 것은 힘들다.

He went to America <u>to study English</u>.

(준동사 / 부정사 / 부사 / 동사수식)

그는 영어를 배우기 위해서 미국으로 갔다.

The general's order, <u>to attack the city at once</u>, was disobeyed.

(준동사 / 부정사 / 명사 / 주어 동격)

그 도시를 즉시 공격하라는 장군의 명령이 거부되었다.

He have a friend <u>to help</u>.

(준동사 / 부정사 / 형용사 /명사수식)

그는 도와 줄 친구가 있다.

---

75) Otto Jesperson, *Essentials of English Grammar*, p. 367. 'but, except, save' 등은
뒤에 목적어로 원형부정사를 취한다. 전치사라기보다 접속사에 가깝기 때문이다.
He could not choose **but laugh.**
그는 웃을 수밖에 없었다.
I have done nothing **except(or save) send** for the policeman.
나는 경찰을 부르러 보낼 수밖에 없었다.

*He would die **rather than yield.**
*He cannot bear spiders, but put them out of doors **sooner than kill** them.
*A dying man who had crawled up to a dead comrade **rather than die** alone.

She begins <u>studying English</u>.

(준동사 / 동명사 / 명사 / 타동사의 직접목적어)

그녀는 영어공부를 시작한다.

She is fond of <u>studying English</u>.

(준동사 / 동명사 / 명사 / 저치사의 목적어)

그녀는 영어 공하는 것을 좋아한다.

He spoke about(of) <u>retiring</u>.

(준동사 / 동명사 / 명사 / 전치사의 목적어)

그는 퇴직에 대해서 언급했다.

<u>Drinking unboild water</u> is dangerous.

(준동사 / 동명사 / 명사 / 주어)

끓이지 않은 물을 마시는 것은 위험하다.

His hobby, <u>painting in oils</u>, preserved his sanity.

(준동사 / 동명사 / 명사 / 주어 동격)

풍경을 유화로 그리는 그의 취미는 건강을 유지하게 해 주었다.

We saw her <u>studying English</u>.

(준동사 / 현재분사 / 형용사 / 목적보어)

우리는 그녀가 영어 공부하는 것을 보았다.

The boy <u>studying English on the library</u> is my son.

(준동사 / 현재분사 / 형용사 / 명사수식)

(=The boy <u>who is studying English on the library</u> is my son.)

도서관에서 영어를 공부하고 있는 저 아이가 나의 아들이다.

<u>Having finished the work</u>, he went to see his friend.

(준동사 / 현재분사 / 부사 / 동사수식)

(=<u>After he have finished the work</u>, he went to see his friend.)
일을 마치고 난 후에 그는 친구를 만나러 갔다.

　이상과 같은 준동사의 특징들을 볼 때, 영어로 글쓴이들이 자신들의 생각을 표현하는데 있어서 준동사는 두 가지의 품사(동사이면서 명사로, 동사이면서 형용사로, 동사이면서 부사로)를 동시에 사용할 수 있는 매우 유용하고 편리하게 사용할 수 있는 다기능(multi-functions)을 가지고 있다. 문장을 길게 쓰기 보다는 가능한 짧고 간결하게 쓰고자 할 때 준동사는 매우 유용하게 사용할 수 있는 것이다. 즉 글을 쓸 때 '중문compound sentence, 복문complex sentence, 혼합문mixed sentence' 등을 통해서 자신들의 생각과 감정을 담을 수도 있겠지만, 영어를 모국어로 사용하는 원어민들은 습관적으로 복잡한 문장 구조(중문, 복문, 중문, 혼합문)를 그대로 쓰기보다 준동사를 이용해서 간결한 단문simple sentence로 전환시켜서 쓰는 것이 익숙하고 편리한 사람들이라는 것이다.

　결론적으로 앞에서도 설명했지만 문장을 확장할 때 기본 문장의 유형들로만 설명이 부족할 경우에, 특히 자신이 원하는 내용을 담고 있는 단어가 동사인데 술어동사가 아닌 그 밖의 다른 품사로 변형시켜서 여러 곳에 자유롭게 사용할 수 있는 장점 때문에 준동사는 반드시 알아두어야 할 문법적인 요소이다.

중문 → There was a man and **they called him a fool.**[76]
　　　　　=There was a man and **he was** called a fool.
복문 → There was a man **(who was) called a fool.**

---

76) 여인천, 『대학영문법』 (서울: 법문북스, 2015), pp.100-03.

단문 → There was a man **called a fool**.

복문 → Our teacher ordered **that we should be on time**.
단문 → Our teacher ordered us **to be on time**.

복문 → I was not aware **that the house was so large**.
단문 → I was not aware **of the house being so large**.

중문 → They started at five, **and they arrived at ten**.
단문 → They started at five, **arriving at ten**.

She was surprised **that he got the job**. (복문: 명사절)
=She was surprised at **his getting the job**. (단문)
그녀는 그가 그 일을 얻었다는 것에(직업을 구하게 되어서) 놀랐다.

We all thought **that he was an honest man**. (복문: 명사절)
=We all thought **him (to be) an honest man**. (단문)
우리 모두는 그가 정직한 사라이라고 생각했다.

He came here **so that he might meet her**. (복문: 부사절)
=He came here **to meet her**. (단문)
그는 그녀를 만나기 위해서 여기에 왔다.

The weather is **so** hot **that we cannot go out**. (복문: 부사절)
=The weather is **too** hot **for us to go out**. (단문)
날씨가 너무 더워서 우리는 박으로 나갈 수 없다.

He is the man **whom I met in the park**. (복문: 형용사절)
=He is the man **for me to have met in the park**. (단문)
그는 내가 공원에서 만난 사람이다.

He is the man **who is called a peacemaker**. (복문: 형용사절)

=He is the man **called a peacemaker**. (단문)

그는 중재인이라고 불리는 사람이다.

I had good food **which I could eat**. (복문: 형용사절)

=I had good food **to eat**. (단문)

나는 먹을 수 있는 좋은 음식을 가지고 있다.

7장. 문장 종류 Combing the Patterns

문장(A sentence)을 설명하는 방법이 여러 가지가 있는데, 문장을 유형(pattern)에 따라서 분석하면 "5가지, 7가지, 25가지 80가지"로 분류할 수 있고, 문장을 구조(structure)에 따라서 분석하면 "단문, 중문, 복문, 혼합문"으로 분류할 수 있고, 문장을 내용(meaning)에 따라서 분석하면 "평서문, 의문문, 명령문, 감탄문, 기원문"으로 분류할 수 있다.

앞서 5장에서 문장의 유형들에 대해서 설명한 바 있다. 문장의 유형은 적게는 5가지에서 많게는 80가지까지로 분류할 수 있는데, 바로 문장 안에 사용되는 동사의 성질(자동사, 타동사)에 따라서 뒤따르는 보어와 목적어와 수식어구를 가지고 만들 수 있는 가장 기본적인 '유형(또는 모형)'77)을 말한다.

He cried loudly.　　　(vi, 1형식 유형)

He beame a teacher. (vi, 2형식 유형)

He opened the door. (vt, 3형식 유형)

He gave me a book. (vt, 4형식 유형)

He made m happy.　 (vt, 5형식 유형)

다음으로 글쓴이가 문장의 기본적인 유형들을 통해서 주장하는 내용(의미)에 따라서 분류할 수도 있다. 말하는 이가 자기의 생각이나 느낌을 객관적으로 진술하는 문장을 '평서문 declarative sentence(긍정문an affirmative sentence, 부정문 a negative sentence)'이라고 하고, 말하는 사람이 듣는 사람에게 질문하여 그 대답을 얻기 위한 문장은 '의문문an

---

77) ①모형(模型 model): 같은 모양의 물건을 만들기 위한 틀. ②유형(類型 pattern): 공통되는 성질이나 특징을 가진 것들을 묶은 하나의 틀

interrogative sentence'이라고 하고, 말하는 사람이 자신의 강한 느낌을 나타내는 문장은 '감탄문an exclamatory sentence'이라고 하고, 말하는 사람이 듣는 사람에게 자기의 의도대로 행동해 줄 것을 요구하는 문장은 '명령문an imperative sentence'이라고 하고, 말하는 사람이 자신이 기원하는 내용을 적은 문장은 '기원문an optative sentence'이라고 한다.

평서문 He cried loudly.

부정문 He did not cry loudly.

의문문 Did he cry loudly?

(Yes, he did. / No, he didn't.)[78]

감탄문 How loudly he cried!

명령문 Cry loudly.(직접명령) Let him cry loudly.(간접명령)

기원문 May he cry loudly!

마지막으로 문장의 구조에 따라서 분류할 수도 있다. 앞서 6장에서 문장의 확장에 대해서 설명한 바 있는데, 바로 문장의 기본적인 유형에 추가적인 설명을 위해서 또 다른 문장을 덧붙이고자 할 때 접속사를 사용한다고 말한 바 있다. 접속사의 종류에 따라서 문장 구조가 여러 가지로 분류될 수 있다. George O. Cume 교수는 "문장은 그 구조에 다라서 세 가지

---

78) 의문문은 아래와 같이 여러 가지 종류가 있다.

Yes/No의문문: Did he cry loudly? Yes, he did. / No, he didn't.
Wh의문문: What did you do? I opened the door.
선택의문문: Did you go to school by bus or by train? I went to school by bus.
부가의문문: Did you cry loudly, didn't you? Yes, I did. / No, I didn't.
간접의문문: Do you know who cried loudly?
　　　　　 Yes, I do. She did. / No, I don't.
　　　　　 I don't know who cried loudly.
수사의문문: Who knows? (=Nobody knows.)
　　　　　 Who doesn't know? (=Everybody knows.)

(단문, 중문, 복문)로 분류할 수 있다고 말한다. 단문은 오로지 한가지의 독립된 주장을 담고 있는 문장을 말하고, 중문은 두 가지 또는 그 이상의 독립된 주장을 담고 있는 문장이고, 복문은 오로지 한 가지의 독립된 주장을 담고 있지만 하나 또는 그 이상의 종속절을 포함하고 있는 문장이다."(Sentences are divided according to their structure into three classes — simple, compound, and complex. A simple sentence contains but one independent proposition. A compound sentence contains two or more independent propositions. A complex sentence contains one independent proposition and one or more subordinate clauses.)[79]라고 설명한다.

독립된 주장을 가진 두 개의 문장을 대등하게 연결하는 접속사는 대등(등위)접속사로 and, but, or 중문을 만들고, 하나의 독립된 주장을 담고는 있지만 뒤따르는 문장이 종속접속사로 when, if, because, as, although, than; that; who, whose, whom 이끌어서 그 내용이 앞의 주절에 포함되면 복문이다. 대등접속사로 연결된 두 개의 절은 각각 대등절이라고 부르고 종속접속사로 연결된 두 개의 절은 앞의 절은 주절이라고 부르고 뒤의 절은 종속절이라고 부른다. 다시 말해서 중문의 두 개의 대등절은 각각 그 주장하는 바가 독립적이기 때문에 순서를 앞뒤로 바꿔도 의미가 동일하지만, 복문의 두 개의 절은 그 내용에 있어서 하나의 주장을 하고 있지만 종속절의 내용(~할 때, ~한다면, ~때문에, ~하면서, ~일지라도, ~보다; ~를)이 앞의 주절에 포함되기 때문에 순서를 뒤바꾸면 의미가 달라진다.

---

79) George O. Cume, *English Gramma*, p. 152.

*<u>I like Marry</u> **and** <u>Marry likes me</u>.
     독립절   독립절(independent)
(=Marry likes me and I like Marry.)

나는 메리를 좋아 한다 그리고 메리는 나를 좋아한다.
=메리는 나를 좋아 한다 그리고 나는 메리를 좋아한다.

*<u>I like Marry</u> / **because** <u>Marry likes me</u>.
     독립절   종속절(dependent or subordinate)

(≠Marry likes me because I like her.)
나는 메리가 나를 좋아하기 때문에 메리를 좋아한다.
≠메리는 내가 그녀를 좋아하니까 나를 좋아 한다.

He is a teacher **and** she is a doctor.
=She is a doctor **and** he is a teacher.
그는 교사이고 그녀는 의사이다.

She likes apples, **but** he doesn't like apples.
=He doesn't like apples, **but** she likes apples.
그녀는 사과를 좋아하지만 그는 사과를 싫어한다.

She couldn't go to the party **because** she had a cold.
≠She had a cold **because** she couldn't go to the party.
그녀는 감기에 걸려서 파티에 갈 수 없었다.
≠그녀는 파티에 갈수 없어서 감기에 걸럿다.

(중문 Compound Sentence)
Tom threw down the hay, Marry milked the cows, **and**
children cleaned out the barn.
톰은 건초를 던지고 있었고, 메리는 우유를 짜고 있었고, 그리고 아이들은 헛간을 청소하고 있었다.

We kept the bell ringing for several minutes; **however,** there was no answer.
우리는 몇 분 동안 계속해서 벨을 울렸지만, 아무런 대답이 없었다.

How the book will sell depends on its author.
그 책이 어떻게 팔릴 것인지는 저자에게 달려있다.

I turned on the cold water; it was most refreshing.
나는 시원한 물을 틀었는데, 대단히 차가웠다.

(복문 Complex Sentence)
I think **that** she can do it **if** he tries again.
나는 만약에 그가 다시 시도한다면 그녀도 할 수 있을 거라고 생각한다.

The fact **that** she is still alive consoles me.
그녀가 아직까지 살아있다는 사실이 나에게 위로가 된다.

I think **that** the friend **who** lives in America will come here.
나는 미국에 살고 있는 그 친구가 이곳에 올 거라고 생각한다.

He handed the letter to Marry, **who** chuckled **as** she read it.
그는 메리에게 편지를 건네주었는데, 그녀는 그것을 읽자 낄낄 웃었다.

We live **where** the road crosses the river.
우리는 길이 강을 가로지는 곳에 살고 있다.

I had scarcely done it **when** I regretted it.
나는 그 것을 하자마자 후회했다.

(혼합문 Compound-Complex Sentence)

When they fell asleep, the pig got up **and** slowly walked away.
그들이 잠들었을 때 돼지가 잠에서 깨어나서 천천히 걸어서 멀리 가버렸다.

While Tom threw down the hay, Marry milked the cows,
and children cleaned out the barn.
톰이 건초를 던지고 있던 동안에 메리는 유유를 짜고 있었고 아이들은 헛간
을 청소했다.

I knew **that** she was sick, **but** I didn't know **that** she
suffered from much stress.
나는 그녀가 아팠다는 것을 알았지만 그녀가 스트레스로 고통 받고 있는 것
은 몰랐다.

8장. 문장 변형 Conversions of a sentence

글쓴이가 글을 쓸 때 문장의 기본적인 유형 안에 특정어구를 수사기법(rhetoric)[80]으로 「더하든지(+), 빼든지(-), 뒤바꾸든지(∽)」 등을 통해서, 즉 글쓴이는 문법이 허락하는 틀 안에서 최대한으로 문장의 기본적인 유형을 변형시키면서까지 특정어구에 대해서 특별히 독자(reader)들이 알아차려 주기를 바라고 있는데, 만약에 독자들이 그것을 알아차리지 못할 경우에는 바로 '엉뚱한 해석, 즉 오역(mistranslation)'을 할 수도 있기 때문에 필히 알아두어야 할 문법적인 부분이다.

앞서 5장과 6장을 통해서 이미 설명했던 문장의 기본적인 유형들(sentence patterns)[81]이 가지고 있는 일반적인 문장의 틀(sentence frame)[82] 범위 안에서, 글쓴이는 문장 안에 특정의 어구들을 "삽입, 강조, 동격"을 통해서 「더하든지(+)」, 특정의 어구들을 "공통관계, 생략"을 통해서 「빼든지(-)」, 특정의 어구들을 "도치"를 통해서 「뒤바꾸든지(∽)」 하여 문장을 간결하게 하거나 또는 자신이 하고 싶은 말을 강조한다. 독자들 입장에서 특수구문을 생각한다면, 「더하든지(+)」 방법으로서 "삽입, 강조, 동격"은 본래의 문장 유형에 어구를 추가적으로 넣는 경우이기 때문에 문장이 길어지는 단점은 있지만 해석할 때는

---

80) 효과적이고 미적인 표현을 위해 말과 글을 꾸미고 다듬는 방법

81) C. T. Onions는 문형을 5가지의 유형으로 나누고 있고, Paul Roberts는 문형을 7가지의 유형으로 분류하고 있고, Albert S. Hornby는 문형을 25가지의 유형으로 또는 더 세부적으로는 80가지의 유형을 분류하고 있다. 그 밖에 영어문법학자들에 따라서 문의 유형을 서로 다르게 나누기도 한다.

82) 대부분의 학자들은 문장의 기본적인 유형을 '주부(the subject)와 술부(the predicate)로 나누고, 주부 속의 핵심단어(headword)는 명사(noun)이고 술부 속의 핵심 단어는 동사(verb)이고, 동사의 성질(vi, vt)에 따라서 뒤에 보어(complement) 또는 목적어(object)를 가지며, 그리고 문장의 내용을 보다 또렷하고 아름답게 효과적으로 표현하기 위해 꾸미는 수식어(modifiers)가 사용된다.'는 의견에는 일치한다.

보충적인 설명이 추가되기 때문에 이해하는데 많은 도움이 되며, 「빼든지(─)」 방법으로서 "공통관계, 생략"은 본래의 문장 유형에서 어구를 빼는 경우이기 때문에 문장이 짧아져서 간결하게 되는 장점은 있지만 해석할 때는 보충적인 설명이 없기 때문에 이해하는데 다소 어려울 수 있으며, 「뒤바꾸든지(∽)」 방법으로서 "도치"는 본래의 문장 유형에서 특정의 어구의 위치를 바꾸기 때문에 독자들 입장에서는 문장유형을 분석하는데 혼란을 야기하여 해석하는데 어려움을 줄 수 있다.

(1) 도치 inversion : 두 가지 방법이 있다. 첫 번째로 글쓴이의 의도와 상관없이 문장의 구문상 관용적인 도치(의문문, 감탄문, 의문사절, 관계사절, 유도부사 there or here, 가정법, 양보부사절, 비교구문)가 있고, 두 번째로 글쓴이가 의도적으로 강조하기 위해서, 문장의 유형 안에서 문법적인 규칙(grammatical rules)에 의해서, 즉 문법적인 어순(word order)에 의해서 사용된 특정어구의 위치를 문장 맨 앞으로 보내서 그 뜻을 강조(emphasis)하거나 관심(attracting attention)의 대상임을 드러내는 방법이 있다.

What did you do in this morning? (의문문)
오늘 아침에 무엇을 했나요?

How beautiful she is! (감탄문)
그녀가 얼마나 예쁜지요!

I don't know **what** you want to do. (의문사절)
나는 네가 무엇을 하고 싶은지 모른다.

I want to meet the lady **whom** they respect. (관계사절)

나는 사람들이 존경하는 그녀를 만나고 싶다.

There are two book on the table. (유도부사)
탁자위에 두 권의 책이 있다.
Once there lived a beautiful princess. (유도부사)
옛날에 아름다운 공주가 살고 있었다.
Here comes the train. (유도부사)
기차가 오고 있다.

Had he helped me then, I could have done it. (가정법)
(=If he had helped me then, I could have done it.)
만약에 그때 그가 나를 도왔더라면 내가 그것을 할 수 있었을 텐데.

Poor as the man is, he is very happy. (양보부사절)
(=Though the man is poor, he is very happy.)
그 사람은 가난하지만 매우 행복하다.

The higher we go up, the colder does it become. (비교구문)
우리 높이 올라가면 갈수록 기온이 더 차가워진다.

I have never met such a nice person like him. (부정관사)
나는 그와 같은 사람을 결코 말난 적이 없다.

They think that she is honest, and so do I. (부사 So)
그들은 그녀가 정직하다고 생각한다. 나또한 그렇다.

The time comes when I will meet her in the park. (균형도치)
(=The time when I will meet her in the park comes.)
공원에서 그녀를 만날 시간이 되었다.

We call dangerous those whose minds are constituted

differently from ours, and immoral those who do not accept our own morality. (균형도치)
(=We call those whose minds are constituted differently from ours dangerous, and we call those who do not accept our own morality immoral.)
우리는 우리와 성질이 다른 정신을 가지고 있는 사람들을 위험하다고 부르고, 우리의 도덕성을 받아들이지 않는 사람들을 비도덕적이라고 부른다.

I tried to reconstruct in my mind a map of the floor of the cavern as I had last seen it. (균형도치)
(=I tried to reconstruct a map of the floor of the cavern in my mind as I had last seen it.)
나는 그 동굴을 마지막으로 보았을 때처럼 동굴 바닥의 그림을 마음속으로 다시 떠올려보려고 애를 썼다.

She sensed all around her the absence of those who had lived, worked and played in these small houses. (균형도치)
(=She sensed the absence of those who had lived, worked and played in these small houses all around her.)
그녀는 자신의 주변에 같이 살았었던 사람들이 없어짐을 느끼면서 이 작은 집들에서 일하면서 놀았다.

*Among the guests were the Prime Minister and his children. (부사구+짧은 동사=be동사+주어) (균형도치)
손님들 중에 수상과 그의 자녀들이 있었다.
*Among the guests the Prime Minister and his children were particularly noticed. (부사구+주어+긴 동사=be동사+부사+과거분사)
손님들 중에 수상과 그의 자녀들이 특별히 주목받았다.

Happy is he who is contented with his lot. (보어)
자신의 운명에 만족하는 사람이 행복하다.
Blessed are the pure in heart; for they shall see God. (보어)
마음이 청결한 자는 복이 있나니 저희가 하나님을 볼 것임이요.
Staring at me were two thieves. (*보어)
두 도둑들이 나를 노려보고 있었다.

That mountain they are going to climb. (목적어: "Contrast")
그들은 그 산에 오를 것이다.
Excellent food they serve here. (목적어)
그들이 여기에 훌륭한 음식을 내놓았다.
Many people did I meet there. (목적어)
나는 그곳에서 많은 사람들을 만났다.

Well do I remember the night. (부사)
나는 그날 밤을 잘 기억하고 있다.
Little did she think that her daughter would become a lawyer. (부사)
Only slowly did he begin to speak. (부사구)
그는 단지 천천히 말하기 시작했다.
Not a word did she say all day long today. (부사)
(= She did not say a word all day long today.)
그녀는 하루 종일 한 마디도 하지 않았다.
Hardly had I reached the station when the train left. (부사)
(=I had hardly reached the station when the train left.)
내가 정류장에 도착하자마자 기차가 떠나버렸다.

To none but the wise can wealth bring happiness. (부사구)
부(富)는 단지 현명한 사람들에게만 행복을 가져다준다.
Here and there over the grass stood beautiful flowers. (부사구)

풀밭 여기 저기에 아름다운 꽃들이 있다.
Not only does she read English, but also she writes it. (부사구)
(=She does not only read English, but also she rites it.)
그녀는 영어를 읽을 수 있을 뿐만 아니라 쓸 수도 있다.
Not until he was a grown-up was he able to begin it.(부사구)
(=He was not able to begin it until he was a grown-up.)
그는 성인이 되어서야 그것을 시작할 수 있었다.

그녀는 자신의 딸이 변호사가 되리라는 생각을 거의 안했다.
Only when you master this one, can you understand the next. (부사절)
네가 이것을 정복한 후에 다른 것을 이해할 수 있다.

(2) 생략 ellipsis : 두 가지 방법이 있다. 첫 번째로 문장 유형 상 관용적인 생략이 있고, 두 번째로 글쓴이가 의도적으로 문장 앞에서 나온 어구를 반복해서 써도 문법적으로 틀린 것은 아니지만, 문장을 간결화하기 위해서 반복된 어구를 뒤에서는 생략하는 경우가 일반적이다.

What a beautiful girl (she is) !83) (감탄문)
얼마나 아름다운 소녀인지!
How beautiful (she is)!
그녀는 얼마나 아름답운지요!

We think (that) she is beautiful. (목적절)
우리는 그녀가 아름답다고 생각한다.
Men of old times didn't know (that) the earth is round.
옛날 사람들은 지구가 둥글다는 것을 몰랐다.

---

83) 여인천, 같은 책, pp. 238-46.

They told me (that) she was beautiful.

그들은 내게 그녀는 아름답다고 말했다.

We all are afraid (of) that the earth is getting warmer.

우리 모두는 지구가 점점 뜨거워진다는 사실이 무섭다.

When (he was) young, he was very diligent. (부사절 s+be)

젊었을 때 그는 매우 부지런했다.

Although (she was) tired, she wanted to work more.

피곤했지만 그녀는 더j 많이 일하고 싶었다.

I'll go with you, if (it is) necessary.

필요하다면 너와 함께 가겠다.

He was more shy than (he was) unsociable. (비교구문)

그는 비사교적이기 보다 더 부끄러워하는 편이다.

They worked harder than (they worked) before.

그들은 전보다 더 열심히 일했다.

The next war will be more cruel than (it) can be imagined.

다음 전쟁은 상상이상으로 더 잔인해질 거다.

The goods (which was) ordered from America hasn't arrived.

미국에 주문한 그 상품은 아직 도착하지 않았다. (주격+be)

Do you know the baby (who is) crying in the room?

방에서 울고 있는 아기를 알고 있나요?

People say that one who speaks first and thinks later is destined to a future (which is) full of the pain and embarrassment of making apologies.

사람들은 먼저 말하고 나중에 생각하는 사람은 미래에 고통과 당혹스러움과 사과를 구하는 일들이 많을 거라고 말한다.

You may go out if you want to (go out). (대부정사)

네가 가고 싶다면 가도 좋다.

I intended to write to her, but forgot to (write to her).

그녀에게 편지를 쓰려했지만 잊어버렸다.

He went fishing, although his wife had asked him not to (go
fishing).

아내가 그에게 낚시가지 말라고 말했지만 그는 낚시하러 갔다.

I have breakfast early (in) this morning. (대격부사구)

나는 아침 일찍이 식사를 했다.

They waited on the street (for) five years.

그들은 거리에서 5시간 동안 기다렸다.

(Being) <u>Left alone</u>, the girl began to weep. (분사구문)84)

---

84) **분사구문**: ①문장의 간결화에 사용된다. 즉, 복문 안에 있는 종속절 중에서 부사절(원
인, 조건, 양보, 시간, 부대상황)을 분사를 사용해서 부사구로 전환시킨 것을 말한다.
②한 문장 안에서 두 가지의 행동을 동시에 언급할 때 사용한다.③문장 수식어구(a
sentence modifier)로서 문장 안에 주어의 행동을 부가적으로 묘사할 때 사용한다.

*Running into the room, the man announced his marriage to his friends.
=The man, running into the room, announced his marriage to his friends.
=The man announced his marriage to his friends, running into the room.
(=As he ran to the room, he announced his marriage to his friends.)
방에 들어오면서, 그 남자는 친구들에게 자신의 결혼을 발표했다.

*The man who was running into the room announced his marriage to his friends.
=The man running into the room announced his marriage to his friends.
방으로 들어 온 그 남자는 친구들에게 자신의 결혼을 발표했다.

*The students coming from out of town protested.
=The students protested, coming from out of town.
(의미 차이: ~도시 밖으로 나간)
도시 밖으로 나간 학생들은 항의했다.
*The students, coming from out of town, protested.
(의미 차이: 도시 밖으로 나가면서)
도시 밖으로 나가면서, 학생들은 항의했다.

*The policeman chased the boy, waving a big stick.
(의미 차이: 경찰은 막대기를 흔들면서~)
큰 막대기를 흔들며 경찰은 소년을 추격했다.
*The policeman chased the boy waving a big stick.
(막대기를 흔드는 소년을~)

(=After she was left alone, the girl began to weep.)
(=After they left her alone, the girl began to weep.)
혼자서 남겨진 후에 그녀는 울기 시작했다.

(Having been) Written in haste, the book has some mistakes.
급하게 썼기 때문에 그 책은 실수가 많다.
(Having been) Scolded by his mother, he looked sad.
어머니에게 꾸중을 받았기 때문에 그는 슬퍼보였다.

경찰은 큰 막대기를 흔드는 소년을 추격했다.

Pressed to tell all I knew, I responded promptly. (수동태 분사구문)
=Because I was pressed to tell all I knew, I responded promptly.
=Being pressed to tell all I knew, I responded promptly.
내가 알고 있는 모든 것을 털어놓도록 압박을 받았기 때문에, 나는 바로 응답했다.

The door locked, we climbed in a window. (수동태 분사구문)
=Because the door was locked, we climbed in a window.
=The door being locked, we climbed in a window.
창문이 잠겨있었기 때문에, 창문으로 들어갔다.

The men having gone out, the ladies discussed them freely. (독립 분사구문)
=After the men had gone out, the ladies discussed them freely.
남자들이 나간 후에, 여자들은 그들에 대해서 자유롭게 이야기했다.

The door being open, I cautiously entered the hall. (독립 분사구문)
=When the door was open, I cautiously entered the hall.
문이 열리자, 나는 조심스럽게 강당으로 들어갔다.

Not knowing what to do, he asked for my help. (분사구문 부정)
=Because he did not know what to do, he asked for my help.
그는 무엇을 할지 몰라서, 내게 도움을 요청했다.

Summer over, we returned home. (being 생략)
=Summer being over, we returned home.
=When summer was over, we returned home.
여름이 끝나자, 우리는 집으로 돌아갔다.

Given his age, he is extremely active.
*give : 보통 수동태, ~을 (예측·추론 등의 전제로) 인정하다, (~임을) 가정하다 (that절)
=Being given his age, he is extremely active.
When he is given his age, he is extremely active.
그의 나이를 고려해 볼 때, 그는 대단히 활동적이다.

Mercury is the smallest planet in the solar system and the closest **(one)** to the sun. (대명사 one)
수성은 태양계에서 가장 작은 행성이며 태양에 가장 가까운 것이다.

<u>There is</u> a Mr. Lee at the door **(who)** wants to see you.[85]

너를 만나고 싶어 하는 분이 현관에 있습니다. (주격관계대명사)
She is one of the greatest poets **(who)** <u>there are</u> in the world.
그녀는 지구상에서 가장 위대한 시인들 중의 한명이다.
The lawyer (whom) I consulted gave me some useful advice.
내가 상담한 그 변호사가 몇 가지 유용한 조언을 해 주었다.

This is the boy (whom) we are looking for. (목적격 관계대명사)
이 소년이 우리가 찾고 있던 사람이다.
Have you read the book (which) I lent you the other day?
지난날 내가 네가 빌려준 책을 읽었니?

A man of virtue and (a man of) not of wealth, deserves our respect. (반복어구)
부자이지는 않지만 미덕이 있는 사람은 우리의위 존경을 받을 만하다.
Others clung to whatever they could (cling to).
그들이 매달려있는 것에 그들도 매달려 있다.
To some life is pleasure ; to others (life is) suffering.
어떤 사람들에게 인생은 즐거움이지만, 다른 사람들에게 인생은 고통이다.
The sun shines in the daytime, and the moon (shines) at night.

---

85) 형용사절 안에 허사(expletive)인 'there'가 주격관계사 앞뒤에 사용된 경우에는 일반적으로 생략할 수 있다.
He has had every opportunity (that) **there is.**
그는 모든 기회를 가지고 있다.
She possess all the virtues (that) **there are.**
그녀는 모든 덕망을 겸비한 여자이다.

태양은 대낮에 빛나고 달은 밤에 빛난다.

Will he come? — I think (that he will) not (come).

그가 올까요? 내가 생각하기에 그는 오지 않을 꺼다.

He seems to be happy as he used to be (happy).

그녀는 늘 행복해 보였듯이 행복해 보인다.

She is not so diligent as he (is diligent).

그녀는 그처럼 부지런하지는 못하다.

(If a man is) Out of sight, (he will go) out of mind.

(This is) Not for sale. (관용적 생략)

비 판매용

No parking (is allowed here).

주차 금지

(If you take) No pains, (you will get) no gains.

수고가 없으면 소득도 없다.

(3) 공통관계 common relation : 문장유형 안에 사용된 어구들이 여러 번 반복될 때 문법적인 규칙 안에서 공통관계 공식인 「xa+xb+xc = x(a+b+c)」 또는 「(ax+bx+cx = (a+b+c)x」 으로 묶어서 간결하게 정리하는 방법이다. (물론, 반복되는 어구들을 공통관계로 묶다보면 생략이 발생한다. 즉 공통관계와 생략은 서로 상호작용한다.)

He writes novels and writes poems.

(=He writes novels and poems.) → x(a+b)

그는 소설도 쓰고 시도 쓴다.

그는 소설과 시를 쓴다.

He reads novels and writes novels.

(=He reads and writes novels) → (a+b)x

그는 소설을 읽고 소설을 쓴다.
그는 소설을 읽고 쓴다.

● S+(V+V) / (S+S)+V.
He worked hard but failed again.
그는 열심히 일하지만 다시 실패했다.
You or I am to blame.
너와 나는 비난받아 마땅하다.

● Aux+(V+V) / (Aux+Aux)+V.
We can see, hear and speak.
우리는 볼 수 있고, 들을 수 있고, 그리고 말할 수 있다.
I must and will do my best.
나는 최선을 다해야 하고 최선을 다할 것이다.

● Vt+(O+O) / (Vt+Vt)+O.
You should know yourself and others.
너는 너 자신과 타인들도 알아야 한다.
He lost his hat and his temper.
그는 자신의 모자를 잃어버려서 화가 났다.
All the people respected and loved the king.
모든 사람들은 그 왕을 존경했고 사랑했다.

● (Prep+Prep)+O / Prep+(O+O).
You cannot live by and for yourself.
너는 혼자서 그리고 힘으로 살 수 없다.
I told the truth to him and her.
나는 진실을 그와 그녀에게 말했다.

● Vi+(SC+SC) / Vt+O+(OC+OC).
She always looks, but never really is happy.

그녀는 항상 행복해 보였지만, 실제로는 결코 행복하지는 않다.

We think the man to be rich, but not to be happy.

우리는 그 사람이 부자라고 생각하지만 그가 행복하다고 생각하지는 않는다.

One will certainly make life happy, the other unhappy.

하나는 인생을 분명 행복하게 하는 것이고 다른 하나는 불행하게 하는 것이다.

• S+Vt+O; S+Vt+O = S+Vt+O; S(+Vt+)O.

  Hate breeds hate; violence, violence.

증오는 증오를 낳고, 폭력은 폭력을 낳는다.

(=Hate breeds hate; violence breeds violence.)

• To+명사 S+Vi+C, and to+명사 (S+Vi+)C

  To some life is pleasure, and to others suffering.

  (=To some life is pleasure, and to others life is suffering.)

  어떤 사람들에게는 인생은 즐거움이지만, 다른 사람들에게는 고통이다.

  To err is human, to forgive, divine. (Alexander Pope, 1688-1744)

  (=To err is human, to forgive is divine.)

  실수를 범하는 것은 인간이고 용서하는 것은 신이다.

  (사람은 누구나 실수하기 마련이다.)

(4) 삽입 parenthesis : 문장유형 안에 '단어, 구, 절' 형태를 수식어로서 삽입하여서 특정의 어구에 대해서 부가(보충) 설명하여 독자로 하여금 이해하는 많은 도움을 주는 방법이다. 문장 안에 '단어, 구, 절'을 삽입할 때 문장부호(punctuations)를 통해서 삽입하는 경우는 독자가 구분하기가 쉽겠지만 부호가 없이 삽입하는 경우는 구분이 어렵기 때문에 해석하는데 혼란을 줄 수도 있다.

He was, indeed, a good friend. (단어삽입)

정말로 그는 좋은 친구이다.

She, nevertheless, decided to try it again.
그럼에도 불구하고 그녀는 그것을 다시 시도하기로 결심했다.
I cannot, however, approve of your opinion.
하지만 나는 너의 의견에 찬성할 수 없다.

I am, to be precise, thirty years and seven months old.
정확히 말해서 나는 30살이고 7달이 되었다.
The answer, strictly speaking, is not correct. (구 삽입)
엄격히 말해서 그 대답은 정확하지 않다.

The boy, who is diligent, will succeed. (형용사절 삽입)
부지런한 그 소년은 성공할 것이다.
The boy, whose father is a teacher, is my friend.
아버지가 선생인 그 소년은 내 친구이다.

She is, as I told you before, a cold-hearted girl. (부사절 삽입)
내가 전에 말했듯이 그녀는 매정한 소녀이다.
She was dishonest and, what was worse , unkind.
(=to make matters worse)
그녀는 정직하지 못하다, 더욱 나쁜 것은 불친절하기까지 하다.

He met a man who I thought was a gentleman. (주절삽입)
내가 생각하기에 신사인 사람을 그는 만났다.
What do you think the writer is like ?
네가 생각하기에 그 작가는 어떤 사람인가요?
His mother, it seems, is over fifty.
마치 그의 어머니는 50살이 넘어 보인다.

There are few books, if (there are) any.
비록 가지고 있다고 하더라도 책이 거의 없다.
It seldom, if (it) ever (snows in these parts), snows in

these parts. (관용적 삽입)
비록 내린다 하더라도 이 지역에는 눈이 거의 안 내린다.

(5) 동격 apposition : 문장유형 안에 사용된 명사상당 어구를
바로 뒤에 연결하여 그 명사에 대해서 부가(보충) 설명을 하여
독자가 이해하는 많은 도움을 주는 방법이다. 두 개의 대상을
연결하는 방법으로 연결사(connectives)인 전치사 또는 집속사
를 이용하는 경우에는 독자가 동격이라는 것을 구분하기가 쉽
겠지만 연결사를 이용하지 않는 경우에는 독자가 동격이라는
것을 구분하는데 혼란을 줄 수도 있다.

I have an idea that he will come today. (that 명사절)
나는 그가 오늘 올 거란 생각이 든다.
We heard the news that he had succeeded in his business.
우리는 그가 사업에서 성공했다는 소식을 들었다.

He has but one aim in life, to succeed. (to부정사 명사적 용법)
그는 단 하나의 목표를 가지고 있는데 바로 성공한다는 것이다.
He has three ambitions: to live in peace, to have a few good
friends, and to finish his life- work successfully.
그는 세 가지의 야망을 가지고 있는데, 평화롭게 살고 몇몇 좋은 친구들을 사
귀며, 인생이라는 작품을 성공적으로 마치는 것이다.
This theory maintains that honesty is not always the best
policy — it depends on the situation.
이 이론은 정직이 언제나 최선은 아니라는 것을 주장하고 있다. 정직이란 바로
상황에 달려있다는 것이다.

They discussed the question how to live. (의문사+to부정사)
그들은 어떻게 살아야하는 가란 문제에 대해서 토론했다.
He studied law with the idea of becoming a lawyer.

그는 변호사가 되겠다는 생각으로 법을 공부했다.

He gave up the idea of becoming a baseball player.

그는 야구선수가 되겠다는 생각을 포기했다.

We, men and women, must know ourselves. (명사)

남자든 여자든 모두는 자신을 알아야한다.

He prefers outdoor activities — fishing and hunting.

그는 외부활동들, 즉 낚시와 사냥을 더 좋아한다.

He killed his prisoner — a barbarous act.

그는 죄수를 죽였는데, 야만적인 행위였다.

*She is an angel of a girl. (=She was an angelic girl.)

그녀는 천사 같은 소녀이다.

(6) 강조emphasis : 문장유형 안에 사용된 특정의 어구를 강조하여 글쓴이가 무엇을 중요하게 생각하는지를 독자가 이해할 수 있는 기회를 주는 방법이다. 특정의 어구를 강조하는 여러 가지의 방법들이 있는데, 앞서 이미 설명했던 도치(inversion)를 통해서 강조할 수도 있고, 강조어(intensifiers)[86]들을 통해서 강조할 수도 있고, 어구의 반복(repetition)을 통해서 강조할 수도 있고, 강조 구문(it~that)을 통해서 강조할 수도 있다.

She did the work herself. (재귀대명사)

(=She herself did the work.)

그녀가 직접 그 일을 해냈다.

His explanation is simplicity itself.

그의 설명자체는 간단하다.

You had better talk to the manager himself.

너는 관리인하고만 말하는 게 더 좋겠다.

---

86) very, highly, dreadfully, awfully, too, terribly, exceedingly, extremely, tremendously, a lot, much, by far, even, quite, do, does, did,…

They are very happy. (강조어)

그들은 매우 행복하다.

We were terribly lucky to find you here.

우리는 여기서 당신을 찾게 되어 정말로 행운이다.

This car is better by far than that one.

(= This car is far better than that one.)

이 자동차가 저것보다 훨씬 더 좋다.

I do hope that you will succeed. (대동사)

나는 당신이 성공하기를 정말로 바란다.

He always did say so.

언제나 그는 정말로 그렇게 말했다.

He always does work alone.

언제나 그는 정말로 혼자서 일한다.

Do come and see me!

직접 와서 나를 만나라!

I waited for her hours and hours. (반복)

나는 여러 시간 동안 그녀를 기다렸다.

Up the hill she ran and ran.

언덕 위로 그녀는 달리고 달렸다.

She read the letter again and again.

그녀는 편지를 반복해서 읽었다.

The airplane went higher and higher in the sky.

비행기가 하늘로 계속해서 높이 올라갔다.

It is getting warmer and warmer every day.

매일 날씨가 계속해서 따듯해져갔다.

I don't know the man standing on the bench at all.

나는 의자에 서있는 그 사람을 도대체 모르겠다.

I don't understand anything at all. (부정어 강조)
나는 어느 것도 도대체 이해하지 못하겠다.

*I met her in the park yesterday. (강조구문 it~that)
나는 그녀를 어제 공원에서 만났다.
It was I that(who) met her in the park yesterday.
바로 내가 어제 공원에서 그녀를 만났다.
It was her that(whom) met in the park yesterday.
바로 그녀를 내가 어제 공원에서 만났다.
It was in the park that(where) I met her yesterday.
바로 공원에서 나는 어제 그녀를 만났다.
It was yesterday that(when) I met her in the park.
바로 어제 나는 공원에서 그녀를 만났다.

9장. 문장 부호 Punctuation marks of a sentence

글을 쓰는 작가들은 특정한 의도를 가지고서 "문장 안에 사용된 어구들을 분리(separation)시켜서 서로간의 의미상 관계가 연속관계인지 포함관계인지를 나타내거나, 또는 문장 안에 사용된 어구들 간의 관계를 명확화(specification)시키기 위해서 "[87) 부호(marks, signs)인 구두점(句讀點)[88)들을 사용하기 때문에, 글을 읽는 독자들은 글쓴이의 의도를 정확히 알아서 서로간의 의사소통이 될 수 있도록 해야 한다.

(1) Period or full stop （ . ） 피리어드, 풀 스톱 / 마침표, 종지부

The little boys nearby chased the cats. (문장의 마침)
그 어린 소년들이 고양이들을 거의 추적했다.
Consequently we refused to pay the bill.
결과적으로 우리는 계산을 거부했다.
We nevertheless tried to help him.
그럼에도 불구하고 우리는 그를 돕기로 했다.

---

87) Randolph Quirk, Sidney Greenbaum, *A University Grammar of English*, pp. 458-61. or Randolph Quirk, Sidney Greenbaum, and Jan Svartvik, *A Grammar of Contemporary English*, pp. 1053-861. "Punctuation serves two main functions: (1) SEPARATION of (a) successive units (such as sentences by periods, or items in a list by commas) (b) included units(as when parentheses mark off an interpolated phrase or clause) (2) SPECIFICATION of language function (as when an apostrophe indicates that an inflection is genitive).
*Successive units: a fourth-century vase / establish-ment / flower-power / anti-war / The farmer owned sheep, cattle, pigs, and poultry. / When she saw him, she burst out laughing. *Included units: The other man, David Johnson, refused to leave. / John (or perhaps his wife) will collect the parcel. / David Johnson — I don't know why — refused to leave. / A carafe of 'plonk' accompanied the meal. / 'I heard "Keep out" being shouted,' he explained. *Specification: dog's / dogs' / John didn't / He'll / I've / Prof. / i.e. / e.g. / Isn't she beautiful! / John has gone already?"

88) 이 부호에 관한 규칙을 구두법이라고 한다. 글에서 뜻이 끊어지는 곳을 구(句)라 하고, 구 가운데서 읽기 편하게 끊는 곳을 두(讀)라 하며, 이 둘을 합쳐 '구두'라 한다.

He put the chair between you and me.
그가 의자를 너와 나 사이에 놓았다.

U. S. A. (=USA) (The United States of America)
아메리카 합중국
Ph. D. (=doctor of philosophy) 철학박사 (생략어, 축약어)
P.S.(=p.s., PS) (postscript) 추신

(2) Comma (,) 콤마 / 쉼표

To visit his friend, he drove through thick fog. (도치)
그의 친구를 초대하기 위해서, 그는 짙은 안개를 뚫고 차를 몰았다.
Consequently, we refused to pay the bill.
결과적으로 우리는 계산을 거부했다.

We tried, nevertheless, to help him. (삽입)
그럼에도 불구하고 우리는 그를 돕기로 했다.

He sent for an old friend, Tom Castle. (동격)
그는 오랜 친구, 톰 캐슬을 부르러 보냈다.
John Milton was born in London, the capital of England.
존 밀턴은 영국의 수도, 런던에서 태어났다.

I met Kim, who invited me to the party. (관계사 계속용법)
나는 김씨를 만났는데, 그가 나를 파티에 초대했다.

She was young, kind, and diligent. (같은 품사 병렬)
그녀는 젊고, 친절하고, 그리고 부지런하다.
He can, may, should(,) and will do it.
그는 그 일을 할 수도, 할지도, 하게 될 겁니다.
He eats, drinks(,) and talks too much.

She He bought eggs, butter, cheese, rice(,) and coffee.
그녀는 계란, 치즈, 쌀, 그리고 커피를 구입했다.

Because the door was locked, we broke a window. (부사절 도치)
문이 잠겼기 때문에, 우리는 창문을 깼다.

He paused for a moment, and then began to speak.
그는 잠시 멈추고, 그런 다음에 말하기 시작했다.
His daughters were diligent, but his sons were lazy.
그의 딸들은 부지런 했지만, 그의 아들들은 게을렀다.

*The house badly needed painting, and the garden was overgrown with weeds. (~, and / ~, but)
그 집은 페인트칠이 절실히 요구되고 있고, 그리고 정원은 잡초들로 덮여 있었다.
*The house badly needed painting, but it looked comfortable. (~, and / ~, but)
그 집은 페인트칠이 절실히 요구되고 있는데, 그러나 정원은 기분 좋게 보였다.

(3) Semicolon (;)[89] 세미콜론 / 쌍반점

*The house badly needed painting; the garden was overgrown with weeds. (and 접속사 대용)
그 집은 페인트칠이 절실히 요구되고 있고, 그리고 정원은 잡초들로 덮여 있었다.
 My wife would like tea; I would prefer coffee. (=and)
아내를 차를 좋아하고 나는 커피를 더 좋아한다.

*The house badly needed painting, but it looked comfortable. (but 접속사 대용)

---

89) comma와 semi-cilon을 비교할 때, semicolon이 comma보다 앞뒤 밀접 정도가 더 친밀하다. 특히 semicolon은 앞뒤 문장이 서로 관련이 있는 것이라는 의미로서 "그리고, 그러나, 또는, 그러므로, 그러니까" 등의 접속사를 넣어서 번역하는 것이 좋다.

그 집은 페인트칠이 절실히 요구되고 있는데, 그러나 정원은 기분 좋게 보였다.

Some students used the free time to talk with their friends; others studied quietly. (=but)
몇몇 학생들은 자유 시간을 친구들과 수다로 보내지만 다른 학생들은 조용히 보낸다.

He is a professional and you are just a trainee; he ought to look more trustworthy than you. (=so)
그는 프로이지만 너는 단지 신입이고, 그래서 나는 그가 너보다 더 믿음직 해 보인다.

We asked him to join us; however he was too tired. (연결부사)
우리는 그에게 협력을 요청했고, 하지만 그는 너무 지쳐있었다.
I have never been to England; in fact, I have never been outside my country.
나는 한 번도 영국에 가본 적이 없는데, 사실 나는 나라 밖에 나가 본 적이 없다.
This theory is supported by myriads of scientists; thus, I have no doubt about it.
이 이론은 무수한 과학자들이 지지하고 있고, 그래서 나는 그걸 전혀 의심치 않는다.

To educate a man is to educate an individual; to educate a woman is to educate a family. (긴 중문)
남다를 교육하는 것은 한 개인을 교육하는 것이지만, 여성을 교육하는 것은 가족을 교육하는 것이다.

The chief commodities are butter, cheese, milk, eggs; lamb, veal, pork; oats, barley, rye, and wheat. (병열구분 명확화)
주요 일용품들로 버터, 치즈, 우유, 계란, 그리고 양고기, 송아지 고기, 돼지 고기, 그리고 귀리, 보리, 호밀 그리고 밀이다.

Holmes pointed out the clues which led him to suspect

murder: first of all, the man was dead; secondly, he had been hated by all who knew him; the handle of a bread knife could be seen protruding from his back.

셜록 홈즈는 살인을 의심하게 만든 단서를 지적했는데, 첫째로 그 남자는 죽었고 둘째로 그는 그를 아는 모든 사람들에게 미움을 받았다는 사실이며, 그리고 식빵 칼의 손잡이가 그의 등으로부터 찌르고 있음을 보이고 있다는 것이다.

(4) Colon[90] (:) 콜론 / 쌍점

Only three books were found in the house: *waste and*, *Moby Dick*, and *Hamlet*. ("a list or series")

집에서 단지 세 권의 책들이 발견되었는데, 바로 황무지와 모비 딕과 햄릿이다.

We were instructed to make the following purchases: a bar of soap, some matches, a dog collar, and two candles. ("a list or series" 목록소개 및 나열)

우리는 다음 구입품목들을 사도록 지시받았는데, 즉 비누, 몇 개의 성냥, 개 목걸이, 그리고 en 개의 양초이다.

Holmes pointed out the clues which led him to suspect murder: first of all, the man was dead; secondly, he had been hated by all who knew him; finally, the handle of a bread knife could be seen protruding from his back. ("a list or series")

홈즈는 살인자로 의심케 하는 몇 가지 실마리들을 지적했다; 무엇보다도 그 사람은 죽었고, 두 번째로 그 사람은 그를 알고 있는 모든 사람들로부터 미움을 받았으며, 마지막으로 식빵 칼 손잡이가 그의 등으로 부터 (질러서) 삐져나왔다는 것이다.

---

90) "as follows, for example, namely, i.e., that is, e.g." 으로서 "일종의 리스트, 소제목, 인용구, 또는 한마디로 간추릴 때" 많이 사용한다.

I am taking five courses this term: English, Psychology, Math, Statistics, and Economics.
나는 이번 학기에 다섯 과목을 듣는데, 영어, 심리학, 수학, 통계학, 그리고 경제학이다.

There remained one thing he desired above all else: a country cottage.
그는 무엇보다 소망하는 한 가지가 있는데, 즉 시골 오두막집이다.

The garden contained the following plants: carrots, lettuce, and tomatoes.
정원은 다음과 같은 식물들이 포함되어 있는데, 즉 당근, 상추, 그리고 토마토이다.

We visited many interesting places on our trip: the Eiffel Tower, the leaning tower of Pizza, Westminster Abbey.
우리는 여행 중에 많은 흥미로운 곳들을 방문했는데, 즉 에펠탑, 피사의 사탑, 그리고 웨스트민스터 사원이다.

And now these three remain: faith, hope, and love. But the greatest of these is love(1 Cor 13:13).
그런즉 믿음 소망 사랑 이 세 가지는 항상 있을 것인 데, 그 중에 제일은 사랑이라(고전 13:13).

Tom had only one hope: to try to beat off the crocodiles with a club. (“a single example or an explanation of a preceding statement” (한 가지 실례 또는 앞 내용에 대한 부연설명)
톰은 단 한 가지의 소망이 있는데, 바로 곤봉을 가지고서 악어들은 떼어내는 것이다.

She does not eat anything that has meat in it, nor does she use any products that links to any animals: She is a true vegan.

그녀는 고기가 들어간 어떠한 음식도 먹지 않을뿐더러 동물에 관련된 어떠한 제품들도 쓰지 않는다. 바로 그녀는 진정한 극단채식주의자다.

The sentence was poorly constructed: it lacked unity and coherence.
그 문장은 조잡하게 구성되었는데, 즉 통일성과 응집성 결합이다.

She has only one pleasure: traveling.
그녀는 단 한 가지 소망이 있는데, 즉 여행이다.

There is this much to be said for Stanley: he takes good care of his fingernails.
스텐리에 대해서 할 말이 많이 있는데, 즉 그는 자신의 손톱을 잘 관리 한다는 것이다.

Rene Descartes himself also had said: "I think, therefore I am."
르네 데카르트 자신도 말했었다. "나는 생각한다. 고로 나는 존재한다."

I have some news for you: John has arrived.
나는 너에 줄 새 소식이 있는데, 바로 존이 도착했다는 것이다.

Those who lead must be considerate: those who follow must be responsive.
지도하는 사람들은 사려심이 많아야 하고, 그리고 뒤따르는 사람들은 반응을 잘 해야 한다.

(5) Quotation mark (" ") 인용부호 / 큰따옴표[91]

He said, "She is an honest woman." (인용)
그는 "그녀는 정직한 여자이다"라고 말했다.

---

91) 큰따옴표 double quotation marks, (" ") 작은따옴표 single quotation marks (' ')

"There is no need," he remarks quietly, "to make a scene."
그는 "소란피울 필요가 없다."라고 조용하게 말했다.

"I believe we'll get along," she said.
"우리는 잘 해나갈 거야."라고 그녀는 말했다.

I read Bertrand Russell's "Unarmed Victory." (책 제목)
나는 버트런드 러셀의 "비무장의 승리"라는 책을 읽었다.

The "fresh" apples were full of worms. (강조)
"신선한" 사과들은 벌레들이 많이 있다.

"Forgive each other and love each other": These are beautiful words.
"서로 용서하고 사랑하라"라는 이는 정말로 아름다운 말이다.
Cathy said "Go ahead" when I asked her if I do it.
케시는 내가 그것을 해야 하는지 어떤지 물었을 때 "즉시 하라"고 말했다.

*He said, "Do you love me?"
그는 "너는 나를 사랑하니?"라고 말했다.
*Did you say, "You love me"?
네가 "너는 나를 사랑하니"라고 말했지?

(6) Apostrophe (') 아포스트로피

This is the girl's book. (=the book of the girl) (소유격)
이것은 그 소녀의 책이다.
 She wrote several poems in the late 2017's. (=2017s)
그녀는 2017년 후반에 여러 편의 시를 썼다.

She got straight A's every semester. (문자복수형)

그녀는 매 학기마다 전체 성적이 A들로 채웠다.
Please find all the number 7's.
7이라는 숫자들을 찾아라.
There are four i's in the word Mississippi.
미시시피라는 단어에는 네 개의 'i' 철자들이 있다.

*Those things over there are my husband's. (생략)
(=Those things over there belong to my husband.)
*Those things over there are my husbands'.
(=Those things over there belong to several husbands of mine.)
저곳에 있는 물건들은 나의 남편의 물건들이다.

They've finished writing a report. (=they have) (축약)
그들은 보고서 작성을 이미 마무리했다.
Mr. Tom, a friend of my father's, visited us every year.
아버지 친구인 톰 아저씨는 해마다 우리를 초대했다.

(7) Parentheses (**( )**) 괄호 / 소괄호[92]

*Those who were present (most of them quite educated)
could not understand what I meant. (수식어구: 부연설명)
참석한 사람들은 상당히 교육수준이 높은 사람들인데 내가 의미하는 바를 이
해하지 못했다.

*The other woman (Cathy Flower) refused to visit him.
(동격: 콤마 대용)
다른 여성인 케시 플라워는 그를 방문하는 것을 반대했다.

*Moreover, telecomputing (working at home instead of
going to the office) has become a choice for thousands of

---

92) 소괄호 ( ), 중괄호 { }, 대괄호 [ ]

business people. (수식어구: 부연설명)
더욱이 사무실에서 일하는 대신에 집에서 일하는 텔레컴퓨팅은 수천의 사람들의 일자리로서 선택이 되어왔다.

When the law was passed(1963), few people were aware of its implications. (인용의 출처)
그 법률이 1963년에 통과되었을 때 사람들이 거의 그 의미를 알지 못했다.

This illustration(see p.23) is quite clear.
23쪽에 있는 실례는 상당히 명확하다.

*Zimbabwe (formerly Rhodesia)
이전에 로디지아라고 불렸던 짐바브웨
*He is (as he always was) kind.
그는 전에도 언제나 그러했지만 친절하다.
*crossword (puzzle) 크로스워드 (퍼즐)
*king-size(d) 특대의

(8) Brackets[93] (【 】) 브래킷 / 대괄호

He said, "That's the car [pointing to the sports car] we ought to buy." (지문: 부연설명, 괄호 대용)
그가 스포츠카를 가리키면서 저것이 우리가 사야할 자동차라고 말했다.

Then the man said, "He [the police officer] can't prove I did it." (동격: 부연설명)
그런 다음에 남자는 "경찰인 그는 내가 그 일을 했다는 것을 증명할 수 없을 거야"라고 말했다.

---

93) square brackets [ ], double square brackets 【 】, tortoise shell brackets 〔 〕, braces { }, pointy brackets 〈 〉

In 1956 he [Eisenhower] was again elected to the president.
He wrote, "I left Seoul in the early eighties [1879, actually]
and went to Pusan to seek my fortune." (동격 / 인용수정)
1956년에 아이젠하워는 다시 대통령으로 뽑혔다 그는 "1980년대 초반
에, 실제로는 1879년에 서울 떠나서 행운을 찾기 위해서 부산으로 갔
다."라고 글을 쓰고 있다.

(9) Hyphen (-) 하이픈 / 붙임표, 이음표

father-in-law 장인, 시아버지, 의부, 계부 (복합어)
sister-in-law 의자매, 형수, 처형
a five-year-old girl 5살 먹은 어린 소녀
a passer-by 통행인
low-fat 저지방의
twenty-five 25
one hundred and sixty-nine 169
out-of-date 시대에 뒤떨어진, 구식인, 기한이 다된
well-aimed 잘 (목표)겨냥된
re-cover(=recover) 다시 덮다(회복하다)
self-reliance 자기신뢰
self-employed 자영업의, 자영업자
dressing-table(=dressing table) 화장테이블
traveling in a fast-moving van 빨리 움직이는(고속의) 화물차

(10) Dash (—) 대시 / 줄표, 이음표

*The other woman — Cathy Flower — refused to visit him.
*Those who were present — most of them quite educated —
could not understand what I meant. (부연설명: 동격)

다른 여성인 케시 플라워는 그를 방문하는 것을 반대했다.

*Moreover, telecomputing — working at home instead of going to the office — has become a choice for thousand of business people. (부연설명: 내용요약)
더욱이 사무실에서 일하는 대신에 집에서 일하는 텔레컴퓨팅은 수천의 사람들의 일자리로서 선택이 되어왔다.

Tom had only one hope — to try to beat off the crocodiles with a club. (콜론 대용)
톰은 단 한 가지의 소망이 있는데, 바로 곤봉을 가지고서 악어들은 떼어내는 것이다.

He demands three things of his employees — responsibility, industry, and common sense.
그는 고용자들에게 세 가지를 요구했는데, 즉 책임감, 근면성, 상식이다.

But many things — and many more important things — are by no means so clear-cut. (부연설명: 수식어구 분리)
그러나 많은 일들이, 더 많은 중요한 일들이 결코 윤곽이 뚜렷하지가 않다.

A flock of sparrows — some of them juveniles — alighted and sang.
참새무리들, 그들 중 몇 마리는 어린 새끼들인데 뛰어내리기도 하고 지저귀기도 했다.

Then he — would you believe it — sprang into the river.
그런데 그가 강에 뛰어내렸는데, 너는 그것을 믿을 수 있겠니?

The woman is a beauty — seen from a distance.
그 여자는 멀리서 보았을 때 미인이다.

Can we — should we — produce this play ? (문형전환)

우리가 이 연극을 상연할 수 있을까, 상연해야만 할까?

We are interested — it is no use pretending that we are
not — in this novel.
우리는 아닌 척해도 소용없지만 이 소설에 관심이 있다.

(11) Ellipsis (⋯) 생략부호 / 줄임표

Tom says "I never drink wine ⋯ ."
톰은 "나는 결코 술을 마시지 않았으며" ⋯ 얼버무렸다.

The ceremony honored five scholars ⋯ visiting Korea.
그 예식은 5명의 학자들에게 수여했는데 ⋯ 한국을 방문하기도 했다.

I should have helped ⋯ but it doesn't matter now.
나는 도왔어야 했는데 ⋯ 그러나 지금 그것이 중요한 문제는 아니다.

He writes that "learning is a lifelong process of keeping a
breast of change. ⋯ ."
그는 "학습이란 변화하려는 심정을 간직하려는 평생의 과정이다"라고 쓰고 있다.

(12) Question mark (**?**) 의문부호 / 물음표

Do you understand what I mean?
너는 내가 무엇을 의미하는지 이해가 되니?
Yes, I do. 예, 이해합니다.
No, I don't. 아니오. 이해 못합니다.

Columbus was born in 1446(?) and died in 1506.
콜럼버스는 확실하지는 않지만 1446년에 태어나서 1506년에 사망했다.

(13) Exclamation mark (!) 감탄부호 / 느낌표

How beautiful the girl is!
(=The girl is very beautiful.)
그 소녀는 정말로 어여쁘구나!
What a beautiful girl she is!
(=The girl is a very beautiful girl.)
그녀는 정말로 어여쁜 소녀이구나!
Hooray! (=Hurrah!) 만세!
Sit down! 앉으시오!
Man! Stop where you are!
남자여! 그대가 있는 곳에서 멈추어라!

(14) Slash (/) 슬래쉬 / 빗금, 사선

Please e-mail to Tom/Marry in case of need.
(두 단어의 밀접한 관계)
긴급한 경우에 톰 또는 메리에게 메일을 주세요.
This insurance covers fire and/or theft.
이 보험은 '화재 또는 도난' 또는 '화재 혹은 도난'을 보호합니다.
It cost me ₩10,000 1/2 to buy the food.
그 음식을 사는데 1만원의 2분의 1이 들었다.
p/c (=petty cash) (용어의 간략화)
N/M (=Nerver Mind!)
03/06/2018 2018년 6월 3일

10장. 영어독해 방법 English Reading skills

1. 영어번역, 영어해석, 영어독해

영어를 한국어로 바꾸는 과정을 세 가지로 분류하고자 한다. "한 나라의 말로 표현된 글을 다른 나라의 말로 옮기는 것"은[94] 번역(translation)이며, 하나의 문장 안에 복잡하게 얽혀서 "혼합된 것들을 각각 부분들로 나누는, 즉 하나의 문장을 여러 가지 부분들로 나누는"[95] 분석(analysis)을 통해서, 글쓴이가 말하고자하는 의미를 이해하거나 판단하는 과정은 해석이고, 전체적인 "글을 읽어서 그 뜻을 이해하는 것은"[96] 독해(reading and comprehension)이고, 그리고 "한 나라의 언어를 다른 나라의 언어로 번역하여 그 뜻을 말로서 전하여주는 것"[97]은 통역(interpretation)이라 한다.

많은 학습자들이 해석 행위와 독해 행위를 혼동하고 있다. 둘 모두 영어로 된 글을 한국어로 이해한다는 점에서는 유사하지만, 영어해석이란 영어로 쓰여진 글 속에서 하나의 문장(a sentence)을 (논리적으로) 문법적으로 분석해서 그 의미를 정확하게 한국어로 옮기는 것을 말하고, 영어독해란 여러 문장들(sentences)로 이루어진 단락(paragraphs)들을 가능한 빠르게 읽고서 글쓴이가 말하고자 하는 어떤 주장(주제)을 정확하게 이해하는 것을 말한다. 다시 말해서 영어해석이란 하

---

94) Paul Procer and others (Edt.), *Longman Dictionary of Contemporary English*, p. 1176. "to change (speech or writing) from one language into another"

95) 같은 책, p. 30. "to divide (a mixture) into its separate parts" or "to divide (a sentence) into its various parts"

96) 같은 책, p. 222. "to understand"

97) 같은 책, p. 586. "to put (a language) into the words of another language usually by speech"

나의 문장을 문법적으로 분석해서 정확하게 한국어로 옮기는 과정이고, 영어독해는 각각의 해석된 문장들을 사이의 관계를 따져가면서 전체적인 문맥(context)을 이해하여 글쓴이가 주장하는 주제(main idea)를 파악하는 과정이다.

일부 학습자들이 해석과 독해 사이에서 다음과 같은 어려움을 겪는 경우가 있다. 하나의 문장에 대한 해석 능력이 좋다고 해서 당연히 독해 능력도 좋을 것이라고 말할 수는 없는 경우가 있다. 예를 들어, 각각의 문장들에 대한 정확한 해석은 가능한데, 그 문장들로 이루어진 단락 속에서 글쓴이가 정확히 무엇을 말하고자 하는 것인지 전체적인 맥락을 이해 못하는 학습자들이 있다. 이와 반대로 단락 속에서 글쓴이가 무엇을 말하는지 전체적인 맥락은 이해하면서도 각각의 문장을 정확하게 해석하는데 어려움을 겪는 학습자들이 있다.

이러한 문제점에서 벗어나려면, 먼저 학습자들은 정확한 영어해석을 위해서 영어문법에 대한 기본적인 이해가 반드시 필수 조건이며, 그런 다음에 영어지문의 난이도를 높여가면서 영어해석 연습을 통해서 일정 수준에 도달하면, 마지막으로 글 속에서 글쓴이가 자신의 주장을 논리적으로 전개하는 방식에 대한 이해와 더불어 영어해석의 여러 가지 기술들과 속독하기 그리고 직독직해 하기를 적용하여 글 읽기를 한다면 많은 도움이 될 것이다.

2. 영어해석의 몇 가지 기술들 analysis skills

하나의 영어 문장을 해석하여 한국어로 옮기고자 할 때, 동사를 중심으로 문장의 유형분석도 해야 하며, 각각의 단어와 구와 절의 상호간의 관계도 분석해야 하며, 한국어로 옮길 때 가장 적절한 의미를 선택도 해야 하며, 한국어로 옮긴 후에 글 전체의 문맥이 맞는지 다시 확인도 해야 하는 여러 과정들이 있다. 특히 문장을 만들 때 글쓴이에 따라서 기본적인 문법 사실만을 적용하여 간단하게 분석되는 문장들은 학습자들이 쉽게 분석할 수 있지만, 때로는 글쓴이가 멋진 문장을 만들어 보겠다는 욕심을 가지고서 여러 가지 어려운 문법들을 복잡하지만 완벽하게 적용하여 만들어 놓은 경우에는 학습자들이 분석하기에 매우 어려운 경우도 있다. 또한 글쓴이가 문장을 짧게 단순하게 쓸 수도 있지만 때로는 길고 복잡하게 쓸 수도 있기 때문에 학습자들이 문장을 분석하기에 매우 어려운 경우도 있다.

물론 학습자들 마다 저마다 어려운 부분들이 다르겠지만 일반적으로 많은 학습자들이 어려워하거나 잘못 알고 있는 부분들을 중심으로 몇 가지 소개하기로 한다.

(1)단어의 의미를 선택할 때, 영어 단어와 한국어 단어의 의미를 일대일(1:1) 대응관계로 암기하고 해석하려면 안 된다. 대부분의 단어들은 '다품사'로서 품사를 적게는 2개에서 많게는 5개까지 기능 전환(function shift)이 가능한 것들이고, 또한 각각의 단어들은 '다의어'로서 동일 품사 내에서 또는 다른 품사에 따라서 그 의미들이 많게는 40개 이상까지 사전에 소개되고 있음에서 그 적절한 의미를 선택하는 문제가 대단히 어렵다. 그러므로 학습자는 본인이 해석하고자 하는 문장을 먼저 문법적으로 분석해서 사용된 단어를 위치에 따라서 품사를 결정한 후에, 글의 전체적인 문맥 속에서 적절한 의미를 선택하여 정확한 해석을 하는 많은 연습이 필요하다.

〈poor〉 (a.) "가난한, 불쌍한, 부진한, 빈약한, 부족한, 형편없는, 불쌍한 …"

be born poor 가난하게 태어나다

poor girl 불쌍한 소녀

poor performance 부진한 성과

poor resources 부족한 자원

poor swimmer 형편없는 수영선수

a poor house 초라한 집

my poor mother 고인이 되신 어머니

poor health 좋지 못한 건강

a poor audience 드문드문 있는 청중

〈simple〉 (a.) "단일한, 분해할 수 없는, 간단한, 쉬운, 수월한, 검소한, 꾸밈없는, 담백한, 순박한, 성실허고 정직한, 순박한, 죄 없는, 사람 좋은, 어리석은, 무지한, 지식이 부족한, 무조건의, 무제한의, 하찮은, 천한"

a simple sentence 단문 (문법)

a simple question 간단한 질문

simple beauty 순수한 아름다움

a simple life 간소한 삶

simple manners 순박한 태도

a simple heart 천진난만한 마음

simple enough to believe 믿을 정도로 어리숙한

simple obligation 절대적인 의무

a simple peasant 신분이 낮은 농부

〈like〉 (v. adj. n. prep. conj. adv.)

v. 좋아하다, 마음에 들다(be fond of)

n. (pl) 취미, 기호; (the, one's ~) 비슷한 사람(것), 같은 사람(것), 같은 종류(of)

a. (~와) 닮은(resembling), ~와 같은
prep. ~와 같이(처럼), ~와 마찬가지로
ad. (구어) 대략, 거의, 얼추
conj. (구어) ~하(는) 듯이(as), (미국) 마치~처럼(as if)

I like coffee. 좋아하다 (동사)
She helped me like I expected. ~처럼 (접속사)
He is like his father. ~와 같은 (형용사)
He acts like a dog. ~처럼 (전치사)
Check the numbers, "likes and dislikes." 좋아하는 것 (명사)

⟨after⟩ (n. prep. conj. adj, adv)

We looked before and after. 앞뒤로 (부사)
She will leave after supper. 저녁식사 후에 (전치사)
She will leave after he comes. 그가 온 후에 (접속사)
She will leave here in after years. 후년에 (형용사)
after (=afternoon) (구어체) 오후 (명사)

(2)동사의 의미는 사용된 문장 안에서 해석할 때 문맥에 따라서 적절하게 해석할 때가 있다.

He left the store.
그는 가게에서 나갔다. (← 떠났다)

The Congress killed the bill.
의회가 법안을 백지화시켰다. (← 죽였다)

We should explore ways to improve the current status.
현 상황을 타개할 방법을 모색해야 한다. (← 방법을 탐색해야 한다)

They has achieved an educational reform.
그들은 드디어 교육개혁을 달성하였다. (← 성취하였다)

I wear cloths(socks, rings, handbags)
나는 옷을 입다(양말을 신다, 반지를 끼다, 핸드백을 들다)

He lost a lot of blood(hairs, the game, the way)
그는 피를 흘렸다(탈모가 되다, 게임에 지다, 길을 잃다)

(3)문장 안에 사용된 동사 'say, tell'은 주어의 직업에 따라서 적절하게 해석한다.

The doctor said that his wife was terminally ill.
의사는 아내가 불치병에 걸렸다고 진단했다.

The spokesman says the president will visit Korea.
대변인은 대통령의 한국 방문을 발표했다.

The judge said in favor of the defendant.
판사는 피고인에게 유리한 판결을 내렸다.

(4)같은 의미로서 원문과 다르게 긍정문은 부정문으로, 부정문은 긍정문으로 하는 경우도 있다.

Wake up!
일어나! → 졸지 마! 안 일어나!

I was awake last night.
나는 지난밤 깨어 있다. → 나는 간밤에 한잠도 못 잤다.

I'm going to break new year's resolution.
나는 새해 결심을 깨지 않을 거야. → 새해 결심을 꼭 지킬 거야.

(5)영어의 형용사는 우리말의 서술어(동사)나 부사로 번역할 수 있다. 문장 성분을 바꿔서 해석하면 전달력이 더 자연스러울 때가 있다.

There are many people in the park. (many)
(동사) 공원에 많은 사람들이 있다. → 공원에는 사람들이 많다.

A great many people have lost their lives in mountaineering.
(동사) 등산을 하면서 목숨을 잃은 사람들이 엄청나게 많다.

They gave us generous portion of food. (generous)
(부사) 그들은 우리에게 관대한 양의 음식을 주었다.
      → 그들은 우리에게 음식을 푸짐하게 주었다.

Each children was given a present. (each)
(부사) 아이들은 각자(한 사람씩) 선물을 받았다.

The entire front of the truck was covered with flame.
(entire) (부사) 트럭 앞쪽은 완전히 화염에 휩싸였다.

(6)영어의 부사는 동사로 번역할 수 있다. "부사+동사" 경우에 부사를 서술어(동사)로 번역해야 자연스러울 때가 있다.

She mistakenly believed that he was trustworthy. (mistakenly)
→ 그 남자가 진실하다고 믿는 것이 그 여자의 실수이다.

North Korea successfully enriched Uranium. (successfully)
북한은 성공적으로 우라늄을 농축시켰다.
→ 북한은 우라늄을 농축시키는데 성공했다.

(7)영어의 무생물 주어는 부사구 또는 부사절로 전환시켜서
해석하는 게 좋다.

Diligence made him rich.
=Because he was diligent, he became rich.
부지런했기 때문에 그는 부자가 되었다.

Distance lends enchantment to the view.
=When we see a view from a distance, it is enchanted.
경치라는 것은 멀리서 볼 때 매력적으로 보인다.

Spring brings warm weather and flowers.
=If it is spring, the weather is warm and flowers bloom.
봄은 따듯한 날씨와 꽃을 가지고 온다. → 봄이 오면 날씨도 좋고 꽃도 핀다.

Repeated failure drove him to loss of his confidence.
=As failure had been repeated, he lost his confidence.
반복되는 실패는 그 남자가 그의 자신감을 잃게 몰아갔다.
→ 실패가 거듭되자 그 남는 자신감을 잃었다.

This song reminds me of my childhood.
=When I heard this song, I am reminded of my childhood.
이 노래를 들으면 내 어린 시절이 생각난다.

A few minutes' walk brought us to the park.
=After a few minutes' walk, we can come to the park.
몇 분 걷고 나서 우리는 그 공원에 도착했다.

(8)문장 안에서 관계대명사는 선행사를 부연 설명하는 말이기 때문에 관계대명사를 "어떤?"이라고 해석하고 계속적용법으로 이어간다.98)

Experts points out that / this is a serious problem / that (어떤?) / could slow down the development of our economy.
(전문가들의 지적에 의하면 이것이 심각한 문제인데, (어떤? - 그 심각한 문제가) 우리의 경제발전을 늦출 수 있다.)

His purpose in life / was / to write down the beautiful musical thoughts / which (어떤?) / seemed to flow endlessly / from his brain.
(그의 삶의 목적은 아름다운 음악적 생각을 기록하는 것인데, (어떤? - 그 생각은) 끊임없이 흘러나오는 것처럼 보인다, 그의 두뇌로부터)

I finished reading the paper / which / the professor recommended / for my report.
(나는 막 논문을 다 읽었는데, (어떤? - 그 논문을) 교수님이 내 보고서를 위해 추천해주신)

---

98) 일반적으로 관계대명사가 제한적용법으로 해석할 때와 계속적용법으로 해석할 때 그 의미가 같지만, 상황에 다라서 다를 수도 있기 때문에 주의해야 한다.

We met the man whom you liked yesterday. (제한적용법)
우리는 어제 네가 좋아했던 사람을 만났다.

We met the man, whom you liked yesterday. (계속적용법)
우리는 어제 그 사람을 만났다. 어떤? 네가 좋아 했던

He had four sons who became doctors.
그는 의사가 된 아들 네 명이 있다.
(→아들이 몇 명인지 모르겠고, 의사가 안 된 다른 아들이 있을 가능성도 있다.)

He had four sons, who became doctors.
그는 아들이 네 명이 있는데, 네 명이 의사가 되었다.
(→아들이 네 명뿐이고 모두 의사가 되었다.)

(나는 막 논문을 다 읽었는데, (어떤? - 그 논문을) 교수님이 내 보고서를
위해 추천해주신)

(9)영어와 한국어에서 어순이 역순으로 틀리는 경우가 있는
데 "(준)동사와 전치사"가 그러하다.

더운 여름 hot summer (형용사+명사)

매우 더운 여름 very hot summer (부사+형용사+명사)

방 안에 (명사+전치사) / in the room (전치사+명사)

친구를 만나다 (목적어+타동사) / meet a friend (타동사+목적어)

친구를 만나는 것, 친구를 만나는 중인 meeting a friend

친구를 만나는 것, 친구를 만나기 위해서 to meet a friend

*한국에서 만들어진 / made in Korea

(10) "That"의 여러 가지 용법들

I know **that** you love me. 목적어(명사절)

나는 네가 나를 사랑했던 것을 알고 있다.

I told him **that** she returned yesterday. 목적어(명사절)

나는 그에게 그녀가 어제 돌아 왔다고 말해주었다.

That he will come is certain. 주어, 진주어(명사절)

(=It is certain **that** he will come.)

그가 올 거란 것은 확실하다.

I think **it** true **that** he loves her. 진목적어(명사절)

나는 그가 그녀를 사랑하고 있다고 생각한다.

The person **that** she loves is me. (=who)관계대명사(형용사)

그녀가 사랑하고 있는 그 사람이 (바로) 저입니다.

I visited the place **that** you were born. (=where)관계부사(형용사)

나는 네가 태어난 곳을 방문했다.

He studied very hard **so that** he succeed in life. 부사절접속사(목적)

그는 인생에서 성공하기 위해서 열심히 일했다.

I have a strong belief **that** you return home. 동격절(명사절)

나는 네가 집으로 돌아오리라는 강한 믿음이 있다.

It was Tom **that** loved her. (＝who)(It~that) 강조구문

바로 톰이 그녀를 사랑했다.

Please give me **that** chair. 지시형용사

내게 저 의자를 가져다주세요.

That is a nice tie you are wearing. 지시대명사

자네가 맨 넥타이 참 멋지군.

I can't walk **that** fast(far, long). 지시부사

그렇게 빨리(멀리, 오래)는 걷지 못한다.

(10) 문장을 시작하는 세 종류의 구조가 있다. 주어로 시작하거나, 때와 장소와 이유 등의 부사어구절로 시작하거나, 그리고 기타 방법으로 시작한다.

① 명사(구, 절)로 시작하는 경우

The rat is in the closet or behind the table.

쥐가 서랍장 또는 탁자 뒤에 있다.

Her smile was friendly.

그는 친근한 미소를 지었다.

People are waiting on the platform.

사람들이 플랫폼에서 기다리고 있다.

It is difficult to finish English in a year or two.

1년 또는 2년 안에 영어를 정복하는 것은 어려운 일이다.

To finish English in a year or two is difficult.

1년 또는 2년 안에 영어를 정복하는 것은 어려운 일이다.

Drinking unboiled water is dangerous.

끓이지 않은 물을 마시는 것은 위험하다.

Where he went from there was not known.

그가 그곳에서 왔다는 것은 알려지지 않았다.

② 부사(구)로 시작하는 경우

There is a man waiting for you.

너를 기다리고 있는 사람이 있다.

Luckily, she had some money with her.

다행이 그녀는 돈을 가지고 있었다.

In the other room a man was peeling an orange.

다른 방에서 하 사람이 오렌지 껍질을 벗기고 있었다.

To study English, he went to America.

영어를 공부하기 위해서 그는 미국으로 갔다.

Arriving home, he opened all the windows.

집에 도착하자마자 그는 모든 창문을 열었다.

Concentrating the subject, you should be earnest.

주제를 집중할 때 진지해야 한다.

Prepared for the next exam, I felt much confident at that moment.

다음 시험이 준비되어있을 때 나는 훨씬 자신감이 있다.

Scolded by the teacher, she went out of the classroom.

In the park, we met each other yesterday.

선생님한테 꾸중을 들은 후 그녀는 교실 밖으로 뛰쳐나갔다.

③ 부사절로 시작하는 경우

Wherever you go, I am following you.

네가 어디로 가든지 간에 나는 너를 따라서 갈 거다.

Whether you like it or not, you must do it.

네가 그것을 좋아든 안하든 간에 너는 그것을 해야 한다.

As I was going to Seoul, I met a man with two wives,

나는 서울로 가면서 두 명의 아내를 거느린 사람을 만났다.

Because she was sick, she didn't come to the party.

그녀는 아팠기 때문에 파티에 오지 못했다.

④ 그 외의 경우로 문장이 시작하는 경우는 "의문문, 명령문, 감탄문, 도치문" 등이 있다.

(11) 영어 소유격(the Genitive) 해석이 다양하기 때문에 주의할 필요가 있다. "명사(A)+명사(B) = 명사(B)+of+명사(A)"의 관계는 8가지로 설명할 수 있다.[99]

① Possessive or Intimate relation: 소유 및 친밀 관계

the boy's cab (=The cab belongs to the boy)

그 모자는 소년의 것이다. / 소년 소유의 모자

the clergyman's young wife (=the young wife of the clergyman) 그 성직자의 젊은 아내

the young wife of a clergyman of the Church of England 영국 국교회의 성직자의 젊은 아내 (William Thackeray)

He is my first husband's only child's godfather.

그는 나의 첫 번째 남편의 (자녀)독자의 대부이다.

Roger's house (=the house of Roger) 로저 소유의 집

a picture of Mervin's 머빈 소유(소장하고 있는)의 그림

② Subject : 주술관계

Edgar's answer (=Edgar answers)

에드거가 대답하다. / 에드거가 한 대답

the man's hope 그 남가가 소망하는 것

Edith's desire 에디스가 원하는 것

---

99) Paul Roberts, *Understanding Grammar*, p. 47-8.

③ Object : 목적관계

Henry's pursuers (=people who pursue Henry)
사람들이 헨리를 추적하다. / 헨리를 추적하는 사람들
Edith's slanders 에디스를 비방하는 사람들
the Senator's defeat 그 상원의원을 좌절시킨 것

④ Measure : 측정관계 (how much? how long?)
an hour's delay (=delay for an hour)
한 시간 동안의 지연하다 / 한 시간 동안의 지연
a day's journey 하루 동안의 여행
a month's absence 한 달 동안의 결석
a hair's breadth (=a very small distance) 털끝만큼
a dollar's worth 1달러의 가치
a pin's fee 핀만큼(의 가치)도, 얼마 안 되는 가치도

⑤ Descriptive : 서술관계
*a carpenter's hammer (=a hammer customarily used by carpenters) → "descriptive genitive"
전통적으로 목수들에 사용된 망치
*a carpenter's hammer (=a hammer belonging to a particular carpenter) → "possessive genitive"
특정의 목수들이 소유하고 있는 망치
child's play 아이들의 놀이
men's overcoats 남자들이 걸치는 외투들

⑥ Origin : 출생(출처, 기원, 생산) 관계
*the woman's child (=the woman who bears the child)
그 여인이 그 아이를 낳다. / 그 아이를 낳은 여인

*the woman's child (=the child belongs to the woman)
그 아이는 그 여인의 것이다. / 그 여인이 데리고 있는 아이
William's poems (=poems which William wrote)

⑦ Appositive : 동격관계

the kingdom of Denmark (=the kingdom, Denmark)
덴마크라는 왕국

the crime of murder (=the crime, murder)
살인이라는 범죄

the town of Simon 시몬이라는 마을

the city of Los Angels 로스앤젤레스라는 도시

a princess of a woman 공주(로 불리는) 여인

⑧ Partitive : 부분관계

a pound of butter (=butter which weighs a pound)
1파운드 무게가 나가는 버터

a piece of cake 한조각의 빵

half of my kingdom 절반의 왕국

⑩ *The double Genitive : 이중소유격

my father's book (O) 나의 아버지의 책

the book of my father's (O) 나의 아버지의 그 책

my father's the book (X)

those toys of my daughter's (O) 나의 딸의 저 인형들

my daughter's those toys (X)

which book of your friend's (O) 너의 친구의 어느 책

your friend's which book (X)

some books of theirs (O) 그들의 몇 권의 책들
their some books (X)
theirs some books (X)

⑪ *Personification : 의인화
England's interest in India 인도에 대한 영국의 관심
He was his country's pride. 그는 조국의 자랑거리였다.

(12) 영어는 앞에 나온 명사와 동일한 소유격 또는 대명사 (that, those, one, ones 등도 포함)가 반복해서 뒤에 나오면 해석하지 않는 경우가 많다. 대부분 내용상 반복하는 경우이거나 문법적인 필요에 의해서 관용적으로 사용한 것들이기 때문이다. 영어는 주어로서 대명사를 반드시 있어야 문장이 성립되지만, 우리말은 주어를 생략하는 경우가 많고 또 대명사를 쓰지 않는다. 그러므로 영어의 대명사는 번역을 해야 할 경우에는 앞의 명사로 번역하거나 생략한다.

*The **man** carries <u>his</u> daughter <u>with him</u>.
그 남자는 (자신의) 딸을 데리고 다닌다.

*Teachers need to know <u>their</u> students well in order to be able to teach **them** effectively.
선생님들은 학생들은 잘 알 필요가 있다, 그래야 더 효과적으로 가르칠 수 있다.

(13) 문장의 구조가 복문일 때 주절 안에 있는 주어와 동사를 묶어서 부사구로 전환시켜 해석하면 편리하다.

They think that / she is so cute.

그들의 생각에, 그녀는 귀엽다.

I **think** / how you describe you and your parents can reveal much about yourself.
내 생각에, / 어떻게 네가 너와 너의 부모님을 묘사하는지가 / 많은 것을 보여줄 수 있다 / 너에 대해.

He **always insisted that** / the students have the ability / to solve the difficult problems.
그가 늘 주장하는 것으로서, / 학생들이 능력을 갖추어야 한다 / 어려운 문제를 해결 수 있게

Recent research suggests that / trusting each other is the key to success.
최근 연구에 의하면(따르면), / 서로를 신뢰하는 것이 / 성공의 열쇠이다.

It is estimated that / most of the students / will pass the test.
추정에 의하면, / 대부분의 학생들은 / 시험에 합격할 겁니다.

It is reported that the boy injured in the accident was taken to the hospital.
보도에 의하면, / 사고로 부상당한 아이가 / 병원으로 옮겨졌다.

It is important / to learn English by yourself.
그게 중요하지 / 영어를 스스로 하는 것이

I **want you** / to learn English by yourself.
나는 당신에게 원하는데 / 영어를 스스로 하기를

(14) 일반적으로 한국어는 사람중심언어라고 한다면 영어는 시간순서 및 인과관계를 통해서 말한다.

Smoking is not permitted in the room.

흡연은 방에서는 허락이 안 됩니다.

Recent research suggest that trusting each other is the
key to success.

최근 연구에서 따르면 서로를 신뢰하는 것이 성공의 열쇠이다.

Time will show who is right.

시간은 누가 옳은지를 말해 줄 겁니다.

(15) 글 속에는 사용된 많은 "idiom"과 "slang"100)들을 해석할 때 주의해야 한다. 일반적으로 idiom이란 우리말 '관용어, 숙어, 성구'로 번역되는데 둘 이상의 단어들로 묶여있지만 이를 구성하는 개별적인 단어의 뜻으로는 그 뜻을 짐작하기가 어려운 표현들이다. slang은 우리말 '속어, 상말'로 번역되는데 이것들은 진지한 상황에서 사용되는 공식적인 표현이나 정중한 표현이 아니며 그리고 많은 사람들이 이것들을 알고는 있으나 아무도 그 뜻을 정확하게 정의하기가 어려운 표현들이다.

· buck = "dollar" 달러 (slang)

· cop = "policeman" 경찰 (slang)

· chick = "girl or young woman" 어린애, 아가씨 (slang)

· go to the john = "john" 화장실 (slang)

· I have no stomach for = "stomach" 기호, 기분, 욕망 (slang)

---

100) Paul Procer and others (Edt.), *Longman Dictionary of Contemporary English*, p. 556 or 1049. "idiom: 1. a phrase which means something different from the meaning of the separate words : *To be hard up is an English idiom meaning to lack money* 2. the way of expression typical of a person or a people in their use of language." or "slang: 1. language that is not usu. acceptable in serious speech or writing, including or not polite, and those used among particular groups of people."

· kick the bucket = strike the a specific bucket with a foot

  = "kill" 죽이다 (idiom)

· It rains cats and dogs. = "cats and dogs" (idiom)

  = heavily 억수로

(16)문장이 길면 끊어 읽기를 통해서 문장을 짧게("절별로 나누고, 구별로 나누고") 해서 읽는 것이 좋다. 일반적으로 「부호마다, 동사 뒤에서, 전치사 앞에서, 직접목적어 앞에서, 목적격보어 앞에서, 주어가 길면 동사 앞에서, 주어와 목적어와 보어가 길면 동사 앞뒤로, 주어 앞 부사에서, have와 be가 없는 분사 앞에서, 삽입과 동격은 앞뒤로, 장소와 방법과 시간 앞에서」 끊어 읽는다. (*'10장. 3. 직독직해 하기: 끊어 읽기'를 참조)

(17)영어 문장을 한국어로 해석할 때, 두 가지 방법이 있는데, 직역(literal translation)과 의역(liberal translation)이다. 직역은 영어 문장 안에 쓰인 단어들 하나하나를 문법에 맞게 그대로 번역하는 방법이고, 의역은 영어 문장 안에 쓰인 단어들 하나하나를 문법에 맞게 그대로 번역하기보다 번역하는 사람이 보다 쉬운 말로 재해석하여 우리가 말할 때 주로 사용하는 표현으로 번역하는 방법이다.

①직역은 원문 글 속에 쓰인 단어 하나하나를 너무 충실하게 번역하다 보면 글 전체적으로 무슨 뜻인지 이해를 놓치는 단점이 있고, 의역은 원문 글이 무슨 뜻인지를 전체적으로 이해하는 것에 너무 충실하다가 보니 세부적인 사항들에 대한 오해를 무시하다가 결국 자신만의 추상적인 결론을 내릴 수 있는 단점이 있다.

②직역은 글 속에 쓰인 단어 몇 개의 뜻을 모르면 해석을 계속 이어서 나갈 수 없지만 의역은 글 속에 쓰인 단어 몇 개의 의미를 알지 못한 상황에서도 학습자가 전체적인 문맥 속에서 그 뜻을 추론하여 대충 짐작한 상태에서 글 읽기를 이어갈 수 있도록 한다.

③직역은 문자 그대로 해석하는 것을 말하기 때문에 문장 안에 쓰인 단어를 임의로 빼지도 못하고 없는 단어를 보충해서 해석할 수도 없는 경우이고, 의역은 보다 쉬운 말로 바꿔서 해석하는 것을 말하기 때문에 보다 이해를 돕기 위해서라면 임의로 문장 안에 쓰인 단어 외에 다른 단어를 보충해서 해석을 돕기도 하고 또는 문장 안에 쓰인 단어가 전체적인 해석을 부드럽게 하는데 있어서 어색하면 과감하게 뺄 수도 있는 경우이다.

(18)글쓴이가 글을 전개시키는 방법(주제문, 세부사항, 신호어)이 있다. (글쓴이가 자신의 주장하는 바를 담을 수 있는 최소단위를 단락을 볼 수 있는데)

①글쓴이는 글의 전체적인 주제(main idea)를 담고 있는 문장(topic sentence)[101]을 반드시 제공한다. 일반적으로 글의 전

---

101) Paul Roberts, *Understanding English*, pp. 427−28. "A topic sentence is a sentence which states in a general way a point which the rest of the paragraph develops or illustrates. ⋯ The rest of the paragraph is a detailing of that general idea, ⋯ The topic sentence is most likely to be the first sentence, but not necessarily. ⋯ Here the first sentence is a transition, and the topic sentence is the second ⋯ Less commonly, topic sentences appear at the end of the paragraph."('토픽 센텐스'라는 주제문은 일반적으로 그 단락의 나머지에서 전개되거나 설명이 될 사항을 말하는 문장이다. 단락의 나머지에서는 글 전체적인 주제를 세분화시켜서 설명한다. 주제문은 단락의 첫 문장인 경우가 가장 많으나 반드시는 아니다. 첫 문장은 글의 추이변화를 말하고 두 번째 문장이 주제문인 경우도 있다. 적은 경우이기는 하지만 단락의 마지막 문장인 경우도 있다.)

반부에서 밝힌다. 예를 들어 하나의 단락인 경우에는 첫 문장
인 경우가 많다.

②글에는 주제문을 보다 돋보이게 하기 위해서 바로 뒤에 보
충 설명하는 세부사항(supporting specifics)이 존재한다. 그
방법들로는 '이유, 구체화, 예시' 등이 있다.

③글 속에는 글의 논리구조를 나타내는 신호어(signal word
s)102)들이 많이 사용된다. 신호어들에 대해서 잘 알고 있으면

---

102) 링킹마커(linking markers 연결표지, 연결어구): 글쓴이가 글 속에서 무엇
을 말하려고 하는지, 글의 흐름이 어디로 갈 건지에 대한 단서를 잡을 수 있
다.

■동일한 내용 전개: also 또한 , further 더 나아가, moreover 더욱더, and
그리고, furthermore 더욱이, too 역시, besides 한편, in addition 이외에도
■앞선 내용과 동일언급: as well as 물론, equally important 마찬가지로 중
요한, similarly 유사하게, at the same time 동시에, likewise 이와 마찬가지
로
■공감을 위한 구체적인 예시제공: as ~와 같이, in fact 사실상, such as ~
와 같은, for example 예를 들면, like 마찬가지로, that is 즉, for instance
예를 들면, specifically 특히, to illustrate 예로
■선택의 여지부여: either 둘 중 하나, or 혹은, other than 이외에,
otherwise 그렇지 않으면, neither nor 이도 저도 아닌
■반복어: again 다시, in other words 다시 말하면, that is(i.e.) 즉, to
repeat 반복하면
■대조어: but 그러나, instead of 대신에, regardless 관계없이, conversely
반대로, on the contrary 대조적으로, still 여전히, despite 불구하고, on the
other hand 다른 한편으로, though 비록~일지라도, even though 비록~일지
라도, nevertheless 그럼에도 불구하고, whereas 반면에, however 그렇지만,
yet 아직은, notwithstanding ~에도 불구하고, rather than 오히려
■인과관계: accordingly 따라서, for this reason 이러한 이유로, then 다음에,
as a result 그 결과, hence 그러므로, therefore 그러므로, because 왜냐하면,
since 왜냐하면, consequently 결과적으로, so 그래서
■조건상황: although 비록~이지만, providing ~경우에, whenever 언제~이라
도, if 만약에, unless ~ 하지 않는다면
■동의상황: accepting the data 그 자료대로라면, granted that ~을 고려하
면, of course 물론, even though 그렇다고 해도
■강조상황: above all 무엇보다도, indeed 정말로, more important 보다 중요
한 것은
■순서어: first 첫째, second 둘째, next 다음은, finally 마지막으로, last 마
지막으로, then 이어서

글의 성격을 빨리 파악하는데 큰 도움이 된다. 즉 글이 '설명적인 글인지, 비교와 대조를 이루는 글인지, 인과관계를 다루는 글인지, 주장이나 방법론을 다루는 글인지'를 알 수 있다.

(19)글 속에는 동일인들을 가리키는 표현이 다양하다. 이는 같은 표현을 반복해서 사용하는 것을 피하기 위한 방법이지만 번역시에 영어 원문 그대로 번역하다 보면 각기 다른 사람인 것으로 잘못 이해하여 전체적인 해석을 잘 못할 수도 있기 때문에 주의를 요하는 부분이다.

2. 속독하기(speed reading): skimming, skipping

일반적으로 글쓴이는 글 속에 자신이 주장하고 싶은 내용을 전개시키는 방식으로 「뭐가? 어쨌다고?」를 말하고 있는데, 그러한 글을 읽고 있는 독자(reader)들 또한 글쓴이의 「뭐가? 어쨌다고?」를 찾아내어 이해하면 글을 통한 소통이 잘 이루어진 것일 것이다. 독자들은 글쓴이의 주장하는 바를 가능한 빠르게 찾아내기 위해서 속독이 필요하다.

독자들은 주어진 영어지문을 읽어 나갈 때 문장 하나하나를 정확히 해석하느라고 지나치게 시간을 허비하지 않도록 해야 한다. 일반적으로 글 읽기는 'Skipping'을 통해서 'Skimming'을 하여서 'General Idea'를 찾고, 그 속에서 글쓴이의 'Main Idea'를 찾는 것이다. 그러므로 주어진 자료를 읽을 때, 글을 읽다가 뜻을 모르는 단어와 어구들이 등장하면 머릿속에서는

■시간어: afterwards 그 후로, meanwhile 한편, subsequently 이어서, while ~하는 동안에, at the same time 동시에, next 다음에, before 이전에, now 현재, ultimately 궁극적으로, formerly 전에는, presently 현재는, until ~할 때까지

■요약어: briefly 간단히 말해서, in brief 요약하면, to summarize 요약하면, for these reasons 이러한 이유로, in conclusion 결론적으로, to sum up 요약하면

그 궁금함을 계속 유지하면서 일단 건너뛰어서 자료 끝까지 읽어야 하며, 동시에 글을 읽을 때 자료 속에 있는 단어와 어구들 모두 읽기보다는 핵심내용을 담고 있는 중요 단어와 어구를 선별적으로 읽어가야 한다. 그러면서 자료를 통해서 글쓴이가 말하고자하는 내용을 아주 정확하지는 않지만 대충이라도 짐작이 가능해질 때까지 반복하면서 읽는다.

글 속에 있는 요소들을 선별적으로 읽는다는 것은 주로 명사와 동사에 초점을 두면서, 문법상의 기능어(관사, 조동사, 전치사, 접속사, 대명사, 관계대명사)와 의미전달 핵심어인 내용어(명사, 동사, 형용사, 부사, 의문사, 지시사, 부정축약형)를 구분할 수 있어야 하며 그리고 수식어(조동사, 부사, 형용사 제한적 용법)는 건너뛰며 읽는다. 특히 글 속에 사용된 신호어(접속사와 접속부사, however, but, on the other hand, …))들은 논리 전개를 파악하는데 있어서 매우 중요한 역할을 하기 때문에 집중할 필요가 있다.

마지막으로 속독을 위해서 독자들이 알아두면 도움이 될 주의 사항들이 있다.

①독해를 힘들어하는 학습자들은 대부분 영어지문을 읽어 나아가다가 특정부분이 이해가 안 된다고 자꾸 되돌아가서 다시 읽으려는 습관을 가지고 있다. 글을 중간에 중단하지 않고 처음부터 끝까지 계속해서 읽으면서 동시에 마음속으로는 계속해서 글의 전체적인 내용이 무엇을 말하고 있는지 짐작해내려고 노력해야 한다. 만약에 전체적으로 한 번 쭉 읽은 후에도 글쓴이의 주장, 즉 전체적인 줄거리가 잘 정리가 되지 않으면 글 중간 부분으로 눈을 돌리지 말고 처음에 했던 것처럼 똑같이 다시 처음부터 읽는 것이 좋다. 왜냐하면 첫 번째로 읽을 때 본인이 글쓴이의 주장하는 것을 잘 이해하지 못하는 것처럼 생각이 들 수도 있을 것이다. 그러나 많은 언어학자들은

독자들이 전반부에 나오는 내용을 읽은 후에 완전히 잊기 전에 (백지처럼 완전하게 기억이 나지 않을 정도가 아니라면) 그 내용과 논리적으로 연결된 후반부에 나오는 다른 내용을 접하게 되면 전체적이 내용에 대한 이해도가 전보다 반드시 상승하게 되어있다고 말한다.

②영어를 모국어로 사용하는 미국인들은 글을 읽을 때 한 번에 평균 세 단어씩 묶어서 읽는데 반해서 우리나라 사람들은 한 번에 한 단어씩만을 인식하는 차이점이 있다. 그들과 비슷해지기 위해서는 한 번에 세 단어 이상을 묶어서 보면서, 특히 가운데 단어에 초점을 맞추고 좌우의 단어까지도 함께 보려는 연습을 해야 한다. 많은 연습을 통해서 익숙해지면 여러 단어를 한 번에 한 덩어리로 보는 것이 익숙해질 때가 있을 것이다. 이를 위해서는 단어를 평소에 익힐 때 스펠링으로 기억하는 것이 아니라 단어의 모양으로 학습하는 발상의 전환이 필요하다.

③글의 행(lines) 맨 끝에 있는 단어와 그 다음 행에 있는 첫 단어를 마치 바로 붙어 있는 단어들처럼 빠르게 읽어 나간다면, 즉 행의 마지막 단어에서 다음 행의 첫 단어로 빠르게 눈을 맞추는 훈련은 독해 시간을 상당히 절약하게 해 줄 것이다.

3. 직독 직해하기(sight translation): 끊어 읽기

직독직해란 영어 문장에 쓰인 어구들을 기본적인 어순(word order)을 중심으로 '의미단위'로 끊어서 빠르게 독해하는 방법이다. 끊어 읽기를 잘하기 위해선 영어 문장의 유형(patterns)에 대한 문법적인 지식이 필수 조건이다. 즉 「주어/동사/목적어/보어(수식어)」에 대해서 정확하게 이해하고 있어야 한다. 이러한 문법적인 기본 지식이 없이 무작정 끊어 읽기를 시도했다가 만약에 잘못 끊어서 읽었을 경우에 의미형 성이 안되거나 전혀 다른 의미로 바뀌어서 오역할 수도 있다. 그러면 학습자들이 문장의 유형에 대해 어느 정도 알고 있다 는 전제하에 어순을 중심으로 의미단위로 끊어서 읽는 방법을 설명한다.

①주어가 길 때 주어의 묶음 뒤에서 끊는다.

What is important in life/ is to do your best.
중요한 것은 / 최선을 다하는 것이다.

That he has fallen in love with her / is true.
내가 그가 그녀와 사랑에 빠졌다는 것은 / 사실이다.

To study hard in school / is your duty.
학교에서 열심히 공부하는 것이 / 네가 해야 할 의무

Making much money / is not the end of life.
많은 돈을 버는 것이 / 인생의 목적이 아니다

That they are fools / is generally admitted.
그들이 바보라는 것이 / 일반적으로 알려져 있는

②타동사 뒤에 목적어로 짧은 명사나 대명사가 나올 때 그 뒤 에서 끊는다.

I saw all the people / waiting for you over there.
나는 모든 사람들을 보고 있다 / 저쪽에 너를 기다리고 있다는

I know her / very much

나는 그녀를 알고 있다 / 매우 많이

③타동사 뒤에 목적어의 묶음이 길게 올 때 목적어 앞에서 끊는다.

They will learn / that most good things must be earned through their efforts.
그들은 배울 것이다 / 대부분의 좋은 것들은 그들의 노력을 통해서 벌어야 한다는 것을

I can't remember / how much money I lost.
나는 기억할 수 없다 / 내가 얼마나 많은 돈을 잃어버렸는지를

We don't understand what he said.
우리는 이해를 못 한다 / 그가 말하는 것을

He told me / that he had finished the work.
그는 내게 말 한다 / 자신이 일을 끝냈다고

Can you tell me / where I can catch my train?
내게 말할 수 있나요 / 내가 기타를 탈 수 있는 곳을

If you asked most men / what their favourite sport was, / they would probably say / it was football.
만약 네가 대부분의 사람들에게 묻는 다면 / 그들이 좋아하는 운동이 무엇인지 / 그들은 대답할 것이다 / 축구라고

④수식어구(형용사구 또는 형용사절) 앞에서 끊는다.

● **전치사＋명사**: 전치사 뒤에 명사상당어구를 동반하여 묶음이 길어지면 그 앞에서 끊어준다.

A person / with these characteristics/ will become a good
co-worker.
사람은 / 이러한 특성을 가진 / 좋은 동료가 될 것이다.

Energy / from the dammed-up water / can be changed/
into electric power / for homes and factories.
에너지는 / 댐으로 막은 물에서 얻은 / 바뀔 수 있다 / 전력으로 / 집과 공장
을 위한

One / of the solutions / of environmental pollution / is to
develop solar energy / instead of using oil.
하나는 / 해결책 중에 / 환경오염의/태양열 에너지를 개발하는 것이다 / 석유
를 사용하는 대신에

A great master / of blues guitar, B. B. King, / is dead.
His millions / of fans / around the world / recognize his
singular sound / immediately.

● 명사+~ing/pp/형용사: 명사 뒤에 ~ing(현재분사)나 pp(과거
분사) 또는 형용사가 뒤에 수식어구를 동반하여 묶음이 길어
지면 그 앞에서 끊어준다.

Police / investigating the crime / are looking for three
men.
경찰은 / 그 범죄를 조사하고 있는 / 세 명의 남자를 찾고 있다.

The police never found the money / stolen in the robbery.
경찰은 그 돈을 찾지 못했다 / 그 강도사건에서 도난당한

I have been searching for an English-learning web site /
suitable for beginners.
나는 영어를 배우는 웹사이트를 찾고 있다 / 초보자들에게 적합한

● **명사＋관계사**: 관계사가 명사 뒤에서 명사를 꾸며주는 역할
을 할 때 그 관계사 앞에서 끊어준다.

The Internet becomes a great force / that takes up our
free time.
인터넷은 큰 힘이 되었다 / 우리의 여가시간을 차지하는

Some people / who were not satisfied with the referee's
decision / rushed onto the field.
몇몇 사람들이 / 심판의 결정에 만족을 못한 / 구장으로 뛰어갔다.

We shot the horse / whose leg was broken.
우리는 말을 향해 총을 발사했는데 / 다리가 부러졌다.

I still remember the day / when I first met you.
나는 여전히 그 날을 기억한다 / 내가 처음으로 너를 만났던

I recently went back to the town / where I was born.
나는 최근에 그 마을로 다시 돌아갔다 / 내가 태어난

This is the book / which I bought.
이석은 책이다 / 내가 구입한

That is the house / in which I live.
그곳은 집이다 / 내가 살고 있는

I have a computer / with which I can make a phone call.

나는 컴퓨터가 있다 / 그것을 가지고 전화할 수 있다

The idea / that Tom is a thief is ridiculous.
그 생각 / 톰이 도둑이라는 / 어리석다

⑤부사절과 주절의 경계에서 끊는다.

부사절이란 '시간, 이유, 조건, 양보, 부대상황, 등'을 의미하는 접속사가 이끄는 묶음을 말하는데, 시간접속사에는 when, since, while, after, before, as등이 있고, 이유접속사에는 because, as, since, for등이 있고, 조건접속사에는 if, unless 등이 있고, 양보접속사에는 though, hough, even though, even if등이 있고, 부대상황에는 as, while등이 있다. 부사절 의 위치는 주절 앞에 놓을 수도 있고, 주절 뒤에 놓을 수도 있다.

When I went there yesterday, / I saw a lot of people in front of the building.
내가 어제 거기에 갔을 때, / 나는 그 건물 앞에서 많은 사람들을 보았다.

I don't like him / as he often lies
나는 그를 좋아하지 않다 / 그는 종종 거짓말을 하기 때문에

I was first interested in soccer / when I was in middle school.
나는 축구에 관심이 있다 / 내가 중학교 다닐 때

⑥to 부정사가 부사적용법으로서 목적의 의미인 "~하기 위해 서"라고 해석될 때 그 앞에서 끊는다. to 부정사가 부사일 때 여러 가지 해석하는 방법(목적, 결과, 원인, 정도, 양보, 이유

와판단의근거)이 있지만 대부분 목적("~하기 위해서")인 경우
가 가장 많다.

She got up at 5:30 every morning / to deliver the
newspapers to her customers.
그녀는 매일 아침 5시 30분에 일어난다 / 신문을 그녀의 고객에게 배달하기
위해서

He came to a big city / to look for work.
그는 대도시에 왔다 / 일거리를 찾기 위해서

I play this game for two hours / to relieve stress.
나는 두 시간동안 게임은 하다 / 스트레스를 풀기 위해서

⑦주어 앞으로 '부사구와 부사절'이 도치되는 경우에는 주어
앞에서 끊는다.

Under these circumstances / we cannot carry out the plan.
이러한 환경에서 / 우리는 그 계획을 수행하기 어렵다

To make matters worse, / it began to rain.
설상가상으로 / 비가 내리기 시작했다

Waving good-by, / she got on the bus.
안녕이라고 손을 흔들며 / 그녀는 버스에 승차했다

After he finished the work, / he went out for a walk.
그는 일을 마친 후에 / 산책하러 나갔다

⑧진주어 또는 진목적어 앞에서 끊는다.

It is very difficult / for you to do the work in a day.
매우 어렵다 / 네가 하루 만에 그 일을 한다는 것이

It is very kind / of you to invite me to the party.
매우 친절하다 / 네가 나를 파티에 초대한 것이

I find it quite impossible / to tell him the true.
나는 그것이 불가능하다고 생각한다 / 그에게 진실을 말하는 것이

⑨접속사가 절(등위절, 종속절)을 이끌 때 그 앞에서 끊는다.

The problem was so difficult / that I could not solve it.
그 문제는 매우 어렵다 / 내가 그것을 풀 수 없을 정도로

Tom attended the meeting, / but Mary didn't attend it.
톰은 그 모임에 참석했다 / 그러나 메리는 참석을 못했다.

Will you lend me that book / when you're finished reading
it? 내게 그 책을 빌려 줄래 / 다 읽었을 때

⑩'삽입구 또는 삽입절'의 묶음인 경우에는 그 묶음 앞뒤로 끊
는다.

He is, / I'm sure, / a really capable teacher.
그는 / 내가 확신하건데 / 정말로 능력 있는 교사이다

Pusan, / the second largest city in Korea, / is famous for
its beautiful beaches.
부산 / 한국에서 두 번째로 큰 도시인데 / 아름다운 해변으로 유명하다

The concert, / which had been held at the Seoul Arts

Center yesterday, / was excellent.

그 음악회 / 어제 서울 아트센터에서 열렸는데 / 훌륭했다

11장. 영어사전 사용법 How to use a Dictionary

영어사전(English Dictionary)은 일상적으로 또는 전문적으로 또는 관용적으로 사용되는 모든 분야의 단어들을 철자 순서에 따라서 또는 품사에 따라서 또는 단어들이 가지고 있는 많은 의미들을 열거하는 방식으로 방대하게 수집하여 정리해 놓은 일종의 자료집이다. 사전은 기본적으로 사용자가 품사(parts of speech)에 대한 기본적인 지식이 있어야만 사전을 정확하게 사용할 수 있다. 품사에 대해 자세하게 설명한 책은 영어문법서(English grammar)이다. 즉 영어문법서는 영어사전을 정확하게 활용하는 방법을 알려주는데 가장 중요한 안내서(guide book)이다.

품사란 각각의 단어들에게 주어지는 일종의 고유한 자격(역할)이며, 특별히 부여받은 임무이며, 개개에게 주어지는 특정한 권한이다. 다시 말해서 품사란 문장 안에서 저마다 주어 자격에 따라서 사용될 수 있는 위치(position)를 말하고 있는 것이다. 아래는 각각의 품사들이 문장 안에서 사용될 수 있는 기본적인(예외는 빼고서) 위치이다.(품사=위치)

① 명사(대명사) = 주어위치, 보어위치, 목적어위치
　　(타동사 또는 전치사), 동격위치
② 형용사 = 제한적 용법(명사 앞에 위치 또는 뒤에 위치),
　　서술적 용법(보어자리)
③ 부　사 = 동사의 앞에 또는 뒤에 위치, 형용사와 부사의 앞에 위치
④ 전치사 = 명사(명사구, 명사절)의 앞에 위치
⑤ 접속사 = 단어(구, 절)와 단어(구, 절)의 가운데 위치
⑥ 동　사 = 주어 뒤에 위치 또는 조동사 뒤에 위치

사전에는 각각의 단어들이 사용될 수 있는 품사의 범위를

소개하고 있는데, 각각의 단어들은 능력에 따라 하나 또는 그 이상의 품사를 가질 수 있으며, 그 범위는 이미 정해놓았기 때문에 변경이 불가능하다. 그러므로 각각의 단어들이 가지고 있는 품사의 범위를 확인하고 싶을 때는 사전을 통해서만 가능하다.

단어의 의미는 전체적으로 세 가지로 분류할 수 있는데, 첫 번째는 보편적인(일상적인) 의미이고, 두 번째는 전문적인 의미이고, 세 번째는 관용(숙어, 은어)적인 의미이다. 예를 들어서, 하나의 단어가 그 뜻이 20가지로 나누어져 있다면 3분의 1은 보편적인 의미이고(1번부터 9번까지?), 3분이 1은 전문적인 의미이고(10번부터 16번까지?), 3분의 1은 관용적인 의미로(17번부터 20번까지?) 볼 수 있다.[103] 단어들은 같은 품사 내에서도 상황에 따라서 그 의미가 다를 수도 있으며 또한 다른 품사에 따라서도 그 의미가 다를 수도 있기 때문에 단어의 의미를 확인하고자 할 때 매번 확인하는 습관이 중요하다. 일반적으로 품사의 전환에 따라서 그 뜻이 비슷하기는 하지만 때로는 완전히 달라질 수도 있지만 그 뜻을 추론해보면 전혀 무관한 뜻이라고 할 수 없는 의미인 경우가 많기 때문에 단어의 의미를 처음부터 끝까지 쭉! 훑어보는 습관이 매우 중요하다. 단어를 훑어서 읽다보면 이런 의미에서 저런 의미가 나올 만하다고 이해가 되는 경우가 많은데, (단어의 암기 양을 늘리기보다 적은 양의 단어들이라도 보다 세부적으로 넓게 활용하는 것이 더 효과적이라고 필자는 생각한다.)

일반적으로 학습자들이 영어 공부(독해, 영작, 회화)하다가 영어사전을 참고하고자 할 때 다음과 같은 과정을 거친다는

---

103) 모든 단어들이 위에서처럼 그 의미가 반드시 세 가지로 분류되는 것은 아니다. 어떤 단어들은 관용어구(숙어, 은어, 속어)가 없는 경우도 있고, 또 다른 단어들은 기본적으로 보편적인 의미로만 사용되는 것들도 있다.

것을 명심할 필요가 있다. 예를 들어서, 학습자가 영어 해석(또는 독해)하다가 모르는 단어와 어구가 발생했을 때, 먼저 그 단어의 품사를 문장 안에서의 위치를 통해서 밝히고, 동시에 지금 읽고 있는 글의 문맥(이야기의 전후 상황)에 따라서 많은 의미들 중에서 가장 적절한 의미를 선택해야 한다. 만약에 학습자가 이상과 같은 과정을 무시하고 진행하다가 모르는 단어와 어구의 품사를 잘못 분석하여 틀린 품사로 사전을 활용하여 의미를 찾았을 때 적절한 의미가 그곳에 있을 리가 없겠지만, 혹시 비슷한 의미가 있어서 우연히 운 좋게 맞출 수는 있겠지만 다음번에도 동일하게 운이 따를지는 모를 일이다. 정말로 중요한 업무에서 우연한 운을 기대하는 것은 바람직하지 않은 태도이다.

마지막으로 사전에 제공된 많은 정보들을 학습자가 이용할 때 꼭! 알아두었으면 하는 정보들이다. 물론 이 외에도 더 많은 정보들이 있지만 정말로 꼭! 알아 두어야 할 것들만 정리해본다.

(1)사전에는 매우 많은 정보들이 제공되어있다. 그러나 여러분이 사전을 펼쳤을 때는 여러분에게 꼭! 필요한 정보는 단 한 가지 정보만이 필요한 것이다. 그것만을 찾는데 집중하여야 한다. 즉 사전에는 단어들의 '품사, 발음, 의미, 관용어구, 예문' 등의 많은 종합정보들이 제공되어 있다. 그러므로 이용자는 사전을 펼치기 전에 자신이 원하는 정보가 무엇인지 정확하게 인지한 후에 그것만을 찾는데 전력을 다해
야 한다. 만약에 이용자가 사전을 펼치기 전에 자신에게 어떠한 정보가 정확하게 필요하지도 모른 체 막연히 사전을 펼친다면 도대체 그 많은 정보들 중에서 어디를 먼저 볼 것인가? 이러한 이용자들이 사전에서 찾는 정보란 품사와 관계없이 문

맥과 관계없이 대개 단어 옆에 제공되어 있는 첫 번째 품사의
첫 번째 의미를 보게 될 것이다. 그것이 본인이 찾던 정보인
지 아닌지도 판단 못하면서 말이다.

(2)단어들은 대개 적게는 하나 또는 두개의 품사를 많게는
다섯 개까지 동시에 가질 수 있다. 그러한 각각의 단어들의
품사에 대한 정보를 모아놓았으므로 이용자가 어떤 품사를 참
고할 것인지 미리 결정 없이 사전을 펼친다면 그들 중에서 어
느 것을 볼 것인가?

play = vi, vt, n / **like** = vi, vt, a, ad, n, conj, prep / **school** =
vi, vt, n, a / **pretty** = vt, a, ad, n / **beautiful** = a, n, int / **that**
= a, ad, conj, rel. pron / **kind** = a, n / **watch** = vi, vt, n / **class**
= vi, vt, n / **go** = vi, vt, a, n / **rain** = vi, vt, n / **progress** = vi,
vt, n / **have** = vi, vt / **become** = vi, vt / **consist** = vi, n /
arrive = vi, n / **complete** = vt, a / **address** = vt, n / **mention** =
vt, n / **discuss** = vt / **appear** = vi / **seem** = vi / **exist** = vi /
belong = vi / **emerge** = vi / **happen** = vi / **occur** = vi / **be** =
vi, aux. v / **good** = a, ad, n, int / **church** = vt, n / **contend** =
vi, vt / **good** = a, n, ad, int / **think** = vi, vt, n, a / **believe** = vi,
vt / **snow** = vi, vt, n / **develop** = vi, vt / **love** = vi, vt, n[104]

(3)단어의 품사에 따른 여러 가지 의미들은 일련의 번호에
의해서 나열해 놓았는데, 첫 번째 번호는 그 단어의 가장 보
편적인 의미이고, 이후로는 전문적인(특정한 경우의) 의미와
관용적인 의미(숙어, 은어, 속어, 속담)를 나열한다. 특히 단
어의 의미 앞에 있는 괄호안의 내용은 문맥(context)을 알려
주는 중요한 부분이다.

---

104) 이후로 예문들은 한컴사전(HANCOM DICTIONARY)을 참고하였다.

【call】(vt)

① 부르다, (아무를)소리 내어 부르다, 불러일으키다(awake); (아무)에게 전화를 걸다(up); 불러내다(무선 통신으로)

② (이름을)부르다, 불러오다, …을 오라고 하다, 초대하다; 재청하다, 앙코르를 청하다

④ (관청 따위에)불러내다; (회의 따위)를 소집하다; (보통 수동태)(직책·자리 따위에)앉히다; (자격을)얻다

⑤ (아무의 주의 따위를)불러일으키다; (마음에)상기시키다

⑥ (아무에게)주의를 주다, 비난하다(on)

⑦ ~라고 이름 짓다, ~라고 부르다(name)

⑧ ~라고 일컫다, ~라고 말하다, ~라고 생각하다, ~으로 간주하다

⑨ (소리 내어)읽다, 부르다

⑩ 명하다; (채권 등의)상환을 청구하다; (경기의)중지(개시)를 명하다; (심판이)~의 판정을 내리다; (카드놀이)(상대방의 패를)보이라고 하다, 콜하다

⑪ 심의(재판)에 부치다

⑫ (미국구어)예상하다; 예언하다

【develop】(vt)

① 발전시키다, 발달시키다(from; int); 발생(발육)시키다, 진화시키다

② (자원·기술·토지 따위를)개발하다, (택지를)조성하다; (자질·지능 따위를)계발(啓發)하다, 신장시키다

③ (의론·사색 따위를)전개하다, 진전시키다

④ (사실 따위를)밝히다; (자질 따위를)나타내다, 발휘하다, (비밀을)드러내다; (사진)현상하다

⑤ (습관·취미 따위를)몸에 붙이다, (성질을)갖게(띠게)되다; (병에)걸리다; (열을)내다

⑥ (수학)전개하다.

⑦ (군사)(부대를) 전개하다; (공격을)개시하다; (체스)(말을)움직이다.

(4)단어의 의미 뒤에 있는 괄호안의 정보들은 관용어구(숙어)를 알려주는 부분이다. 동사의 의미 뒤에 있는 괄호 안에

전치사가 있을 때 자동사이면 붙이라는 것이고 타동사이면 분리시키라는 것이다. 단, 괄호 안에 부사가 있을 때 자동사이든지 타동사이든지 간에 붙여 쓴다.

【attend】 (vi)

① (~+전+명) 출석하다, 참석하다(at)
② 시중들다, 섬기다(on, upon)
③ 보살피다, 돌보다, 간호하다(on, upon; to)
④ 주의하다, 경청하다(to)
⑤ 정성을 들이다(to)
⑥ (문어)(결과로서)수반하다(on, upon)

He attended at a ceremony. (자동사+전치사)
Trade should look up later in the year. (자동사+부사)

【rob】 (vt)

① (~+목+전+명) ~에서 훔치다, ~에게서 강탈(약탈)하다, 빼앗다(of);
　(권리 등을) 잃게 하다(of): He robbed him of his money.
② ~의 알맹이를 빼앗다, 유린하다

We have given up the plan. (타동사+부사)
(=We have given the plan up.)
You have robbed me of my happiness. (타동사+O+전치사)

(5)동사에 대한 정보들이 가장 많이 제공되고 있는데, 첫 번째는 성질로서 자동사와 타동사에 대한 정보이고, 두 번째는 동사로 만들 수 있는 문의 유형(patterns)에 대한 정보이고, 네 번째는 동사의 여러 가지 의미들에 대한 정보이다. 특히 동사가 만들 수 있는 유형들에 대한 정보는 「~+부사(1형식)/~+보어(2형식)/~+목적어(3형식)/~+간·목+직·목(4형식)/~+목적어+목·보(5형식)/~+분사(2형식)/~+목적어+분사(5

형식)/~+목적어+to+ⓥ(5형식)/~+to+ⓥ(3형식)/~+ⓥing(3
형식)/~+that(wh.)절(3형식)/~+목적어+that절(4형식)/~」
이라는 표(graph)를 통해서 제공한다.

【want】 (vt)

① (a)탐내다, ~을 원하다, 갖고(손에 넣고)싶다
　 (b)(아무에게)볼일이 있다; (아무를)볼일이 있어 찾고 있다
② (~+to do/~+목+to do/~+목+done/~+목+−ing/~+목+보/~+that[절])
　 ~하고 싶다; (아무가)~해 줄 것을 바라다, ~해 주었으면 하다
③ (~+목/~+−ing)~이 필요하다, 필요로 하다(need)
④ (~+to do)(구어)~하지 않으면 안 되다, ~하는 편이 좋다(ought, must)
　 안 된다.
⑤ (~+목/~+목+전+명) (a) 없다, 빠져 있다; …이 모자라다, ~이 부족 하
　 다 (b) (+목+전+명) 〔it를 주어로 하여)(길이가)부족하다, 모자라다(of);
　 (시간이)~까지 아직 있다(to; of; till; until)

【want】 (vi)

① (~/+전+명)바라다, 원하다
② (~/+전+명)없다, 부족하다, 모자라다(in; for)
③ (~을) 필요로 하다(for)
④ 생활이 군색스럽다, 옹색하다
⑤ (구어)(in, to 따위 방향을 나타내는 부사를 수반하여)가고(나가고, 들어
　 가고)싶어 하다

(6)명사의 의미 앞뒤에 있는 괄호 안에 복수형(pl)과 관사(a,
an, the)는 일반적인 의미로서가 아니라 특정한 의미를 갖게
되는 경우이므로 중요한 정보이다.

【custom】 (n)

① 관습, 풍습, 관행
② (법률학)관례, 관습(법)
③ (상점 등에 대한 손님의)애호, 애고(愛顧); (집합적)고객

④ (역사)(영주에게 바치던) 공조(貢租)
⑤ (pl.)관세; (pl.)(단수취급)세관, 통관 절차; 사용세(료)

(7)형용사는 일반적으로 제한적 용법과 서술적 용법 모두로
사용되지만 특별한 단어에 한해서는 두 가지 용법들 중에서
어느 한가지로만 사용되는 경우도 있다. 더욱이 용법에 따라
서 의미가 다를 수도 있기 때문에 주의가 필요하다.

【present】 (a)
① (보통 서술적)있는, 출석하고 있는
② 지금의, 오늘날의, 현재의, 현(現)~
③ (문법)현재(시제)의
④ 당면한, 문제의, 여기 있는, 이
⑤ (고어)즉석의, 응급의

I was present at the meeting. 참석한, 출석하고 있는
at the present day(time) 오늘날에는

(8)단어의 많은 의미들 중에서 가장 적절한 의미를 선택할
때는 문맥(글의 전후 상황, 이야기의 특정 분야)에 대한 정보
를 참고해야 한다. 지문(의미들 앞뒤에 있는 괄호)을 통해서
세부적이기 보다 포괄적으로 제공하고 있다.

【call】 (n)
① 부르는 소리, 외침(cry, shout); (새의) 지저귐; (나팔·피리의)신호 소리
② (전화의)통화, 전화를 걺, 걸려온 전화; (무선의) 호출; (기·등불 따위의)
   신호; (컴퓨터)불러내기
③ (짧은)방문, 내방, 들름; (배의)기항, (열차의)정차
④ 초청, 초대; 앙코르; 소집(명령); 점호, 출석 호명(roll ~); (직업·사명 등
   에 대한)소명(召命); 천직, 사명
⑤ (the~)(장소·직업 따위의)매력, 유혹; 충동
⑥ 요구(demand)(on); 필요(need)(for, to do), 수요(for); 기회; (주금(株

金)·사채 등의)납입청구; (거래소의)입회(立會); (증권·주식)콜, 매수 선택권(~option)

drink hard 지나치게 마시다

work hard 열심히 일하다

rain hard 몹시 비가 오다

bound hard 단단히 묶다

take the news very hard 그 소식을 심각하게 받아들이다

We developed the idle land. 놀고 있는 땅을 개발하다.

I developed photographic film. 필름을 현상하다.

(9)명사는 두 가지로 분류하는데, 가산명사(countable noun)는 (ⓒ)으로, 불가산명사(uncountable noun)는 (Ⓤ)으로 표시한다.

【water】(n)

① Ⓤ 물 boiling water 끓는 물

② (종종 pl.) 넘칠 듯한 많은 물, 바다, 호수, 강; 유수, 파도, 조수; (pl.) 홍수 Still waters run deep. (속담) 잔잔한 물이 깊다 (잘난 사람은 재주를 자랑하지 않는다.)

③ (pl.)(문어)바다 cross the waters 바다를 건너다

④ (pl.) 근해, 영해; 수역, 해역 in Korean waters 한국 근해에서.

⑤ (합성어로)~수; 화장수; (고어)증류주

⑥ 수위, 수심; 흘수(吃水)

⑦ a) ⓊⒸ 분비물, 눈물, 땀, 오줌, 침 hold one's water 소변을 참다.

   b) (보통 the ~(s)) 양수(羊水)

⑧ 물약, 용액; (종종 the ~s) 광천수, 온천

⑨ Ⓒ (금속·직물의) 물결무늬.

⑩ (보석 특히 다이아몬드의) 품질; (일반적)품질, 등급

⑪ (경제)(주식의)물 타기

⑫ Ⓒ 수채화

【 fine 】 (a)

① 훌륭한, 뛰어난; 좋은, 굉장한, 멋진

② (날씨 따위가)갠, 맑은; 활짝 갠, 구름 없는

③ 정제된, 순수한, 순도(純度) 높은; 순도~의

④ (낟알 따위가)자디잔; (입자가)미세한; (올이)고운; 감촉이 좋은; (농도가)엷은, 희박한

⑤ (실·끈 따위가)가는; (손·발 따위가) 늘씬한; (펜촉이) 가느다란; (펜·연필이)가는 글씨용의; (인쇄)가는 활자로 인쇄된

⑥ (날이)얇은; 잘 드는, 예리한(칼 따위)

⑦ (감각이)예민한, 민감한, 섬세한(delicate)

⑧ (차이 따위가) 미묘한, 미세한.

⑨ (일이)정교한, 공들인

⑩ (사람이)기술이 [솜씨가] 뛰어난, 교묘한

⑪ (사람·태도 따위가)세련된(polished), 완성된, 고상한

⑫ (반어적)뽐낸, 짐짓 점잔 빼는; 훌륭한, 대단한

⑬ (사람이)아름다운 (handsome), 예쁜, (외관이) 훌륭한; (감정이) 고상한; (물건이)상품(上品)의, 상질(上質)의

⑭ (~에)적합한, 쾌적한, (건강 등에)좋은(for)

⑮ (사람이)원기 왕성한, 기분이 좋은

⑯ 좋다, 좋아(대화중의 대답으로서 주로 손윗사람이 손아랫사람에게)

참고 문헌

Cume, George O. *English Grammar*. New York: Barnes & Noble, Inc., 1966.

Greenbaum, Sidney and Gerald Nelson. *An Introduction To English Grammar*. Great Britain: Longman Press, 2002.

Hornby, A. S. *Guide to Patterns and Usage in English*, 2nd. Ed. Great Britain: The English Language Book Society and Oxford University Press, 1975.

Jan A. van Ek & Nico J. Robat, *The Student's Grammar of English*. Great Britain: Bell and Bain Ltd., Glasgow, 1984.

Jesperson, Otto. *Essentials of English Grammar*. London: George Allen & Unwin Ltd., 1956

Procer, Paul and others (Edt.), *Longman Dictionary of Contemporary English*. Bath: The Pitman Press, 1978.

Randolph Quirk and Sidney Greenbaum, *A University Grammar of English*. London: Longman Group Limited, 1974.

Roberts, Paul. *Understanding Grammar*. New York: Harper & Row, Publishers, 1964.

여인천. 『대학영문법』. 서울: 법문북스, 2015.

장성언 편저. 『영어관용법사전』(*Dictionary of English Usage*). 서울: 연세대학교 출판부, 1979.

한국어사전편찬회편. 『국어대사전』. 서울: 삼성문화사, 1986.

◆ 영문학박사(Ph.D. in English Language & Literature)
◆ (현) 칼빈대학교 교수
◆ (현) 한국영어영문학회 정회원
◆ (현) 한국 T.S. 엘리엇학회 정회원
◆ (현) 한국 현대영미시학회 정회원
◆ (현) 한국기독교어문학회 정회원
◆ (현) 한국 T.S. 엘리엇학회 홍보이사
◆ (전) 한국 T.S. 엘리엇학회 총무이사
◆ (전) 칼빈대학교 교무처장
◆ (전) 칼빈대학교 학생처장
◆ (전) 종로 고려외국어학원
◆ (전) 김영 대학편입학원, 外

○ 저 서

◆ 대학영문법 (2015, 법문북스)
◆ 21세기 T.S. 엘리엇 (2014, *L.I.E*-Seoul)
◆ T.S. 엘리엇: 그의 삶과 작품 (2010, 도서출판 희동)
◆ 짬짬이 하는 기초영문법 (2009, 법문출판사)
◆ VOCA 놀면서 정복하기 (2006, 법문출판사)
◆ 문법, 조금만 알면 독해가 쉽다 (2006, 범일미디어)
◆ 영문법과 독해방법론 (2004, 범일미디어)
◆ 33문형만 알면 정말로 쉽다 (2000, 범일미디어)
◆ 영어 길들이기 (1997, 법문출판사)
◆ 홀로서기 영어특강 (1993, 법문출판사)

문법은 문장이다 Grammar is a Sentence	정 가 15,000원

2018年 6月 25日 1판 인쇄
2018年 6月 30日 1판 발행

저 자 : 여 인 천
발행인 : 김 현 호
발행처 : 법 문 북 스

서울 구로구 경인로 54길4 636-62
TEL : 2636-2911~2, FAX : 2636-3012
등록 : 1979년 8월 27일 제5-22호
Home page : www.lawb.co.kr

▮ISBN 978-89-7535-667-4 (13740)
▮이 도서의 국립중앙도서관 출판예정도서목록(CIP)은 서지정보유통
지원시스템 홈페이지(http://seoji.nl.go.kr)와 국가자료공동목록시스
템(http://www.nl.go.kr/kolisnet)에서 이용하실 수 있습니다. (CIP
제어번호 : CIP2018018497)
▮파본은 교환해 드립니다.
▮이 책의 내용을 무단으로 전재 또는 복제할 경우 저작권법 제136조에
의해 5년 이하의 징역 또는 5,000만원 이하의 벌금에 처하거나 이를
병과할 수 있습니다.

문장을 알아야 독해할 수 있다

ISBN 978-89-7535-667-4

정가 15,000원